ASAHI
SENSHO
朝日選書
1045

中立とは何か

マックス・ウェーバー「価値自由」から考える現代日本

野口雅弘

JN201967

朝日新聞出版

目次

図版／谷口正孝

凡例

MWGはマックス・ウェーバー全集（Max Weber-Gesamtausgabe）を指す。例えば、MWG I/17: 98 = 2018: 64とは、全集第Ⅰ部第17巻の98頁、＝以降は邦訳、この場合は『仕事としての学問 仕事としての政治』の64頁のことである。引用文が翻訳の場合、既存の邦訳を参照しつつ、適宜、訳文を変更している。

中立とは何か

マックス・ウェーバー「価値自由」から考える現代日本

野口雅弘

はじめに

二〇二四年一月末に、高崎市の県立公園「群馬の森」にある朝鮮人追悼碑が撤去された。この追悼碑の前で毎年開催されてきた式典が「政治的行事」に該当する、ということが理由として挙げられた。一方には、戦時中に動員され、犠牲になった朝鮮人労働者を記憶し、追悼しようとする人たちがいる。他方で、追悼式典で「強制連行」などの言葉が使われたことを問題にし、反対の街宣活動をする人たちがいる。複数の考え方が対立している。こうしたなかで、公園内の追悼碑が政治的な意味を持ったことはたしかである。みなが使う公園にあって、この施設が「中立的な性格を失うに至った」といわれれば[1]、そうかもしれないとも思う。しかし、政治的中立という名目で、追悼碑を撤去するという判断がよかったのかどうか。

近年、政治的な議論で、政治的中立ないし政治的中立性という規範に訴える傾向が強くなっている。あいちトリエンナーレ二〇一九の企画展「表現の不自由展・その後」をめぐる議論でも（クローズアップ現代2019)[2]、日本学術会議のあり方を検討してきた自民党のプロジェクトチームの議論でも（朝日新聞2020）、政治的中立という言葉がキーワードとして使われた。

政治的中立が問われているのは、特別な事案だけのことではない。例えば、公共放送に疑問を持つ人が増えている。NHKで政治関係のニュースが放映されると、「偏向報道だ」とか、「政治的中立性ないし公正の原則はどうなった」といった書き込みがSNSに溢れる。このような書き込みは、特別に論争的なテーマを扱った番組の際だけのことではない。ごく日常的にそのように感じる人がいて、そのようなコメントをしている。しかも、ある特定の政治的立場の人が、報道の仕方に偏りを感じているというわけでもないらしい。まったく同じ番組をみても、ある人は「政府の決定を無批判に垂れ流している」と受け取り、別の人は「サヨク的だ」と書く。まったく考え方が違う人たちが、それぞれの視点から、公正かつ中立であるべき公共放送のニュースを「偏っている」と感じ、それぞれの印象を語っている。

偏っていると感じ、不満を持つ対象は、もちろん公共放送だけではない。高校で「公共」や「歴史総合」などの科目を担当している先生であれば、授業内容が「偏っている」とか、「イデオロギー的だ」という、生徒や保護者からのクレームが出ないように、相当に気を遣っているのではないか。大学で政治学の研究をし、関連の講義を担当していると、不可避的に論争的・党派的な議論に踏み込まなければならないことがある。私は、ここまでは政治学の基礎知識の伝達で、ここからは時事問題についての、野口個人のオピニオンです、などの言い方をして、なるべく境界線を明確にするように心がけている。しかしそれでも、授業評価アンケートなどで偏りを指摘されることがある。そしてそのような傾向は年々強まっている、との印象を持っている。

公民館などの公共の施設での催し物についても同じだろう（神奈川新聞 2019）。講演で呼ばれた講師が、政党間で見解の違いがあるテーマや政策について、その人のオピニオンを述べると、苦情が寄せられると聞いたことがある。しかし、ジェンダー平等の話をするのに、各党のスタンスの違いと、そうしたスタンスをとる理由に言及しないで、中身のある議論をすることはできない。それを避けようとすると、「みなさん、投票に行きましょう」というような、悪い意味で抽象的で、フワッとした話になってしまう。このような語り方では、少なくとも聴衆の思考を促すことはできない。

「そんなクレームなんか放置しておけばよい」と私などは思ってしまう。しかし、実際に現場で公民館の運営に携わっている関係者にとっては、そう簡単ではないのだろう。それはそれで理解はできる。

本書で考えてみたいのは、人びとがしばしば政治的中立という規範が損なわれていると感じ、そうした現状に強い不満を持っている、という状況についてである。政治的中立が政治的なキーワードとして使われている現在の状況について、おそらくなんらかの議論の整理が必要になっている。

こうした問題を考えるために、マックス・ウェーバー（Max Weber, 1864-1920）の価値自由（wertfrei; value-free）とそれをめぐる議論の蓄積、つまり受容史を再検討してみたい。ウェーバーは『プロテスタンティズムの倫理と資本主義の精神』や「仕事としての学問」（「職業としての学問」）・「仕事としての政治」（「職業としての政治」）という二つのレクチャーなどで知られている、ドイツの法学者・経済学者・社会学者である。[3] これらの仕事と並行して、彼は『社会科学と社会政策にかかわる認識の「客観性」』（以下「客観性」論文と略記する）など、いわゆる方法論に関する一群の論文も書いている。価値自由は彼の方法論のキーワードである。

本文で詳しく論じることになるが、ウェーバーは価値自由の要請によって、研究し、ものを考え、発言する人の主観的な思いや意見、つまり「価値」と、そうした価値とは質的に異なる「事実」を分けることを求めた。日本では価値自由という表現が使われることが多いが、ドイツ語の文献などではWerturteilsfreiheit（価値判断自由ないし価値判断排除）が用いられることも少なくない。[4] いずれにしても、ウェーバーがこの用語によって論じているのは、さまざまな党派的なオピニオンが存在する世界にあって、学問（Wissenschaft）に何ができるのか、そしてそれが踏み越えてはならない一線はどこか、という学問の限界確定をめぐる問題である。[5]

政治的中立をめぐる現在の不満は、放送局のディレクターや学校の教員の「主観的な思い」や「個人の感想」が、中立であるべき公共の電波や教室で視聴者や生徒に押し付けられている、という認識を根拠にしている。実際にこのような文脈で、ウェーバーの価値自由が引き合いに出されることもある。しかし、価値自由の理解として、こうした用いられ方はどれほど適切であろうか。そもそもウェーバーはどのような文脈で、そしていかなる意味で価値自由を唱えたのか。さらにウェーバーから価値自由の理念を引き継いできた人たちは、どのような意味でこれを用いてきたのか。本書が扱うのは、こうした問題である。価値自由をめぐって行われてきた議論を受容史という形で再検討することは、政治的中立をめぐる現在の言論状況をより明晰に理解するのに役にたつはずである。[6]

ただし、このような問題設定には、急いで限定を付けなければならない。ウェーバーの意味での価値自由は価値中立と同じではない、というのがその限定である。

最初の英訳の影響もあり（Weber 1949）、Wertfreiheit の英語の訳語として value neutrality が用いられることがある。[7] フランス語の文献では、哲学者・社会学者のジュリアン・フロイント（Julien Freund, 1921-1993）による訳語 neutralité axiologique がよく使われている。彼の著作の邦訳でも、この語は「価値中立性」と訳されている（Freund 1968: 68 = 1977: 59）。同様に、同書の英訳では ethical neutrality という訳語が用いられている（Freund 1968: 68 = 1969: 79）。場合によっては、value neutrality ないし ethical neutrality という表現を使ったほうがわかりやすく、かつそれで問題ないことも少なくない。しかし、価値自由と価値中立には一定の、場合によっては相当な違いがある。

英語の neutral はラテン語 neuter に由来し、ne（否定）と uter（両方のうちのどちらか）が結合してできている。中立はきわめて多義的な概念であるが、通例では、対立する双方から距離を取ることを意味する。これに対してウェーバーはむしろ、対立や論争のなかで自分の立場を定め、それを自覚化することを求めた。彼はカッコを付けて「客観性」を論じるが、そのときの「客観性」はコミットしない(detached)ということではない。なんらかのコミットメントは不可欠である、というのが彼の思考の前提にある。本書でも基本的に、主体のコミットメントの有無によって、中立と価値自由を分ける。

それにしても、中立はかなり多義的に用いられており、各論者によって相当に異なる意味で使われてきた。中立という言葉には注意が必要である。例えば、ドイツの公法学者・政治学者のカール・シュミット(Carl Schmitt, 1888-1985)は、『憲法の番人』(一九三一年)で、消極的な中立性と積極的な(決断に関連する)中立性を分けて論じている(Schmitt 2016: 111-115=1989: 159-164)。彼はこのような中立性の概念の分類と再定義によって、ワイマール時代のライヒ大統領の権力拡大を試みた。彼の議論は危機的な状況への理論的な応答であり、その学問的評価は相当に難しい。

しかし、本書の主題はシュミットの中立論の評価ではない。それほどまでに中立の概念はあいまいであり、多義的であるという点を、ここでは強調し、確認しておきたい。中立概念のこのような性格は、もちろん今日の状況でもまったく変わらない。この本に多少なりとも意味があるとすれば、中立、あるいは政治的中立という言葉の、あまりにナイーブな使われ方に注意を促す点がそれになると思う。

【注】

1 控訴審・東京高裁判決（二〇二一年八月二六日）では、次のように述べられている。「本件追悼碑が、政治的争点（歴史認識）に係る一方の主義主張と密接に関係する存在とみられるようになり、中立的な性格を失うに至った」（藤井 2023: 236）。

2 憲法学者の八木秀次（一九六二〜）はこの件にコメントして、「芸術家と称する専門家の企画について、自治体は「金だけ出せばいい」という理屈を住民は納得できるのか。公益性や政治的中立性が問われるはず」と述べている（産経 2019）。

3 ウェーバーの人と思想の概略については（野口 2020a）をご参照いただきたい。

4 例えば、ヨハネス・ヴァイス（Johannes Weiß, 1941-）によって編纂されたウェーバー全集の方法論の巻（MWG I/12）のタイトルは「理解社会学と価値判断自由」（Verstehende Soziologie und Werturteilsfreiheit）である。

5 本書では原則的に、Wissenschaft の訳語として「学問」を用いる。この言葉に対応する英語は science であり、この語は一般に「科学」と訳されている。ウェーバーの翻訳でも、文脈に応じて Wissenschaft の訳語として科学が使われている。ただし、英語とドイツ語には若干の相違もある。英語の science よりもドイツ語の Wissenschaft の意味ははるかに広い。後者にはかなり広い人文学的な知が含まれる。本書で検討することになるのは、こうした広い意味での「学問」である。ちなみに、マックス・ウェーバー全集編纂の拠点となったBayerische Akademie der Wissenschaftenの英語名称はBavarian Academy of Sciences and Humanitiesであり、サイエンスの狭さをヒューマニティーズ（人文学）で補っている。学問と科学のズレについては、政治学のあり方に関連して、第6章であらためて検討する。

6 ヴォルフガング・シュヴェントカー（Wolfgang Schwentker, 1953-）の研究『マックス・ウェーバーの日本』（Schwentker 1998＝2013）以降、ウェーバー受容（史）に注目した著作や論集がいくつも刊行されている。例えば、（Ay/Borchardt 2006）（Max Weber Stiftung 2014）（野口 2020a）（Bachmann/Schwinn 2023）などである。

7 最近の英語の翻訳（Weber 2012）ではvalue freedomという訳語が使われている。

第1章　価値自由とは何か

――事実と価値を分ける

価値（value）から自由（free）であるということ

マックス・ウェーバーについて一定の知識を持っている人、あるいは社会学などの講義を受講したことがある人は、価値自由という言葉を聞いたことがあるのではないかと思う。しかし、そうではなくて、ただ中立という言葉やそれをめぐる問題に関心を持って本書を手に取ってくださった人のなかには、この四文字熟語に馴染みがない方もいるかもしれない。これから議論を進めるにあたり、価値自由という言葉について最低限の説明をしておきたい。

ウェーバーはドイツの人なので、彼は基本的にドイツ語でものを書いている。日本語で価値自由と訳されているドイツ語は形容詞ではwertfreiであり、名詞形はWertfreiheitである。英語ではvalue-freeないしvalue-freedomとなる。ドイツ語のWertは価値（value）を意味し、freiは英語のfreeに対応する。

英語のほうが多くの読者にわかっていただけると思うので、ここでは英語で話を進める。価値（value）から自由（free）である、あるいは価値から独立しているというのが、この言葉の直訳的な意味となる。

接尾辞のfreeが付く単語には、例えばalcohol-freeがある。午後から仕事があるのにランチ

マックス・ウェーバー

でピザを頼んでしまったときなどに、アルコールフリー・ビールを飲む人もいるかもしれない。このほかfreeが付く言葉には、tax-free（免税）、barrier-free（バリアフリー）、stress-free（ストレスがない）などがある。

　ドイツ語にはschwindelfreiという言葉がある。これは（高いところなどに行っても）目眩（Schwindel）を覚えることがないという意味で使われる。屋根に登って作業をする煙突技師の仕事は、シュヴィンデル・フライでなければできない。また、社会哲学者のユルゲン・ハーバーマス（Jürgen Habermas, 1929-）は「支配のない（herrschaftsfrei）コミュニケーション」という表現を使う。ここで「支配のない」というのは、政治的決定への参加が拒まれていない、対等な関係を指す。

　このような用例をみてくると、wertfrei; value-freeの訳語は「没価値」ないし「没価値的」のほうがよいのではないかと考える人もいるだろう。実際にそのように訳されることもあるし、安藤英治《ひではる》（一九二一～一九九八）が「価値自由」という訳語を強く提唱するまでは、むしろ「没価値」が使われることが多かった。[8] 訳語の変更、そして安藤によるウェーバー解釈については、第4章であらためて論じる。ここでは、価値自由と訳されているvalue-freeという語は、そのまま訳すならば、「価値から離れている」「価値から自由である」「価値判断をしない」くらいの意味になる、ということを確認しておきたい。

価値とその多元性

ウェーバーは価値という言葉をよく用いる。彼がこの用語を用いるのには、当時のドイツの「現代思想」であった新カント派の哲学者の影響があった。とくに西南学派と呼ばれる、ヴィルヘルム・ヴィンデルバント（Wilhelm Windelband, 1848-1915）やハインリヒ・リッカート（Heinrich Rickert, 1863-1936）から、ウェーバーは一定の影響を受けている。

価値という言葉を聞いてもピンとこない方もいるかもしれない。認識における真、倫理における善、そして審美ないし感性における美など、人間の究極的理想が価値だ、と説明されることがある。そうかと思えば、この絵画には五〇億円の価値がある、というような表現が使われることもある。実際に場面や文脈に応じて、価値という言葉はかなり多義的に使われている。

英語の value はラテン語の valere に由来する。この語は「強い」「健康である」あるいは「重要である」を意味する動詞であった。ところが、価値という言葉はしだいに「経済化」されて理解されるようになる。諸価値はなんらかの仕方で測定され、対比され、比較され、序列化されうる単位として用いられるようになる。それでも、一元的に一つの価値基準が存在すると考えられることは少ない。離婚のときなどに「価値観の違い」などの表現が使われることがある。

この表現に表れているように、一般に、価値ないし価値観は一つの基準によっては整序できないものとして理解される。

ウェーバーは次のように価値という言葉を用いている。

> 最初、私たち二人の関係はたんなる情熱（Leidenschaft）にすぎなかったが、いまや一つの価値（Wert）である（MWG I/12: 468 = 1972: 56）。

いくぶん解釈に困る微妙なことが書かれている。この一文をめぐっては、いろいろな解釈がありうるだろう。ただ、私たちに必要なのは、あくまでウェーバーが使う価値という概念の意味を確認することである。この一節からもわかるように、彼が価値というとき、それには感情的なものから区別された、一段上の地位が与えられている（MWG I/7: 351 = 1956: 110）。今日の政治学者は選好（preference）という表現を用いることが多い。選好も価値と近い概念ではあるが、価値に比べると情緒的・流動的な性質を持つ。これに対してウェーバーは、新カント派の系譜で思考していたということもあり、漠然とした感情ではなく超歴史的な含意を持つ価値の概念を使っていた。彼にとって価値は「分節化され意識された「判断」の内容になるもの」を意味する（MWG I/7: 351 = 1956: 110）。

哲学の用語として価値が浸透してくるのは比較的最近のことで、一九世紀になってからである。マルティン・ハイデガー（Martin Heidegger, 1889-1976）によると、この概念がポピュラーになったのは、フリードリヒ・ニーチェ（Friedrich Nietzsche, 1844-1900）の影響によるところが大きかった（Heidegger 1977: 227 = 1954: 253）。価値という言葉が使われるようになり、それが普及したのは、ある特定の時代状況を背景としていた。価値についての概念史的な考察は、私たちの思考の地平をとらえ返すうえで、とても重要な研究になるだろう。

しかし、ウェーバーは価値哲学の領域の研究者ではなかった。そして彼が用いている価値という用語の意味も、そこまで難しく考える必要はない。彼の場合の価値は、ある人の（政治的な）立場や信条の基礎くらいの意味である。このように理解しておけば、差し当たりそれほど見当違いにはならない。

価値哲学では、特定の個人の信条ではない、普遍的な価値が語られるのが一般的である。これに対してウェーバーの理論の特徴は、いろいろな価値が一致しなかったり、対立したりする局面にとりわけ関心を向ける点にある。特定の個人にとっての至高の価値は、別の誰かにとっては大事ではないかもしれない。それどころかその価値は根絶されるべき「悪」として理解されることもありうる。ウェーバーが価値を語るのは、多くの場合、そのような対立の局面である[9]。彼は講演「仕事としての学問」で次のように述べている。

そのつど争点になる価値問題（話を簡単にするために、例として社会的現象を考えてみてください）に対して、実際において、人はあれこれさまざまな立場（Stellung）をとることができる（MWG I/17: 103 = 2018: 74）。

高等教育無償化にしても、原発・エネルギー政策についても、武器輸出ルールの緩和についても、あるいは同性婚をめぐっても、私たちは異なる（政治的な）立場や意見を持っている。このような立場や意見は、何かの理念、あるいは目指すべきものにつながっている。この理念や目指すべきものに当たるのが、ウェーバーの場合の価値である。

価値というのは、私たちの日常生活から超越したところにある、なにか崇高で有難いものだと理解している方がいれば、このような価値の理解はあまりに政治的にすぎると感じられるかもしれない。おそらくその印象は間違ってはいない。リッカートはさまざまな価値を論じる一方で、それらを一つの体系（System）に組み込もうとした（Rickert 1913 = 1989）。これに対してウェーバーの価値理論の特徴は、諸価値の対立を強調する点にある。諸価値を一つの体系に収納することを、彼は強く拒否した。実際にリッカートとウェーバーが論争したとき、議論の焦点は価値体系であった。カール・ヤスパース（Karl Jaspers, 1883-1969）の『哲学的自伝』には、価値体系をめぐって対立する二人のエピソードが出てくる。価値体系に性愛を位置づけ、愛の哲学を語るリッカートに対して、ウェーバーは「そんなプチブル・センチメンタリズムは止めろ。こんなのはすべてナンセンスだ」と述べたという（Jaspers 1977: 37 = 1965: 52）。

価値の体系に対する、リッカートとウェーバーの向き合い方の違いは、ニーチェに対する彼らの構えの違いと対応している。ニーチェは『偶像の黄昏』（一八八九年）で次のように書いている。

私はすべての体系家（Systematiker）を信用せず、彼らを避ける。体系（System）への意志は正直（Rechtschaffenheit）の欠如である（Nietzsche 1999: 63 = 1994: 21）。

リッカートはニーチェの箴言に対抗しようとし、ウェーバーはこれを受け入れる。体系を否定することを指して、ニーチェは「正直」という言葉を使い、ウェーバーは「知的誠実」という表現を用いる。

では、以上で説明してきたような価値から自由であるということ、つまり価値自由とはいかなる意味か。彼は一九一七年に「社会学・経済学における「価値自由」の意味」という論文を雑誌『ロゴス』に発表している（以下、「価値自由」論文と略記する）。この論文は、もともと一九一三年に社会政策学会に提出された意見書であった[10]。ここでウェーバーは価値自由について次のように述べている。

研究・叙述をする人は、経験的事実（その人によって調査された経験的な人間の振舞いで、

「評価的」と確定されたものも含む）と、その人が実践的に評価する態度決定〔…〕を絶対に区別すべきである（MWG I/12: 460 = 1972: 42-43)。

最近の人が今の言葉を使って書いている文章ではないので、すっと頭に入ってこないかもしれない。ドイツ語で書かれた学術的なテクストの翻訳なので、どんなに平易に訳そうとしてもそこには一定の限界がある。しかし、書かれていること自体は、私たちにとってそれほど突飛でも、難解でもない。事実の問題と研究主体の評価（あるいは価値）の問題を峻別すべきだ、というのが、ウェーバーの価値自由の基本的な考え方である。

ここで「研究・叙述をする人」というのは、主として大学や研究所の研究者を指す。しかし、そうした専門家に限定されるわけではない。なんらかの仕方で社会現象を観察したり、それを記述したりしている人であれば、誰でもこの分類に入る。「実践的に評価する態度決定」というのも、堅苦しい表現であるが、これも先ほどの「価値」とほぼ同じと考えてよい。

例えば、原子力発電に反対、ないし賛成の意見を持っているとすれば、その意見が原子力政策についての「実践的に評価する態度決定」ということになる。私たちの社会には事実として、明確に脱原発の立場をとっている人がいる。それと同時に、原発はCO_2を出さないクリーンなエネルギーであり、リスクはそこまで高くないと考える人もいる。安全保障を重視する人のなかにも、安全保障上の観点から原発は危険だと判断する人と、安全保障上の有用性ゆえに原子力開発は続けていくべきだと考える人がいる。

私たちの社会には複数の「実践的に評価する態度決定」があり、価値をめぐる相違や対立が存在する。そしてこうした相違や対立には、しばしば濃密に経済的・社会的な利害が絡みついている。東京電力の社員、環境NPOの職員、再生可能エネルギーを扱うベンチャー企業の関係者、原発産業で働いている人、東海村の研究員、少しでも安い電力を求める消費者、諸々の取引先・関連会社やその家族など、人にはさまざまな属性やポジションがある。そしてそのような属性やポジションはその人の「実践的に評価する態度決定」に影響を及ぼす。

もちろん、この関係はそれほど単純ではない。原発を推進してきた東京電力の社員の中にも、原発反対の信条を持っている人はいるだろう。私たち一人ひとりのオピニオンはそれほどシンプルではない。簡単にわかったり、わかってもらえたりはできない。しかしそれでも、原子力発電の問題だけをとっても、この社会にはいくつかの評価や立場が存在する。ウェーバーはこの点を重く受け止める。そうであるから彼は価値という概念を多元的に理解し、複数形で用いる。

教室での価値の押し付け

ウェーバーの価値自由は、簡潔に述べるならば、事実の問題と価値ないし評価の問題を区別することを求める要請である。意見の分かれる問題について、ある立場から発言するとき、その立場が依拠にしている価値からして、「都合が悪い事実」をないことにしたり、あるいは隠蔽したりすることは、価値自由の原則に反する（MWG I/17: 98 = 2018: 64）。

しかし、価値ないし評価を百パーセント排除することを、ウェーバーは求めてはいない。なんらかの研究をするとき、そしてなんらかの情報やデータやエビデンスを集めるときには、それがどれほど意識されているかはともかく、そこには価値観を伴う観点がある、とウェーバーは考える。

このとき彼はリッカートから引き継いだ、「価値関係」（Wertbeziehung; value relation）という用語を使う（MWG I/12: 475 = 1972: 68）。この用語は今日ではほとんど使われなくなっており、また訳語もわかりにくい。それでも価値関係は、ウェーバーの方法論研究のキーワードに属する。

現実を記述することは、現実をそのまま模写することではない。事実はそれこそ無数にある。

なんらかの観点を設定し、それを基準にして事実の選択と整理をしなければ、私たちは事実の大海で溺れてしまう。現実は「価値との関係づけ」によってはじめて構成される。価値関係が意味しているのは、およそこうしたことである。科学哲学の用語を用いれば、観察の理論負荷性（theory-ladenness）と言い換えることもできる（Hanson 2018: 115 = 2000: 224）。[11]

なんらかの観点の設定をしなければ、そもそも研究は始まらない。観点のない、「無前提」な学問が存在すると考えることは、[12] 党派性が不可避な政治の世界から距離をとることを意味する。もちろんそうした党派性を超越した学問を目指すという方向性はありうる。ウェーバーは講演「仕事としての学問」で、プラトン（Platōn, 428/7-348/7 BC）の『国家』第七巻514A-517A（プラトン 1979: 94-101）に出てくる「洞窟の比喩」に言及している（MWG I/17: 88 = 2018: 47）。ここで洞窟から外に出ていく哲学者が求めているのは、そのような種類の学問ということになるかもしれない（Arendt 1998: 20 = 2023: 40）。しかし、ウェーバーはそのような学問には向かわなかった。むしろ彼は、研究の端緒にある（党派的な）価値をできるだけ明晰に自覚化することを要求した。

講演「仕事としての学問」で、ウェーバーは学問にできることとして「明晰さ」（Klarheit）を挙げている。このときの明晰さというのは、「この神に仕え、他の神を侮蔑する」ことを意識して引き受けることを意味する。オピニオンが対立する状況で「自分の行いの究極的な意味」、つまり価値について釈明することができるようにすることが、学問の仕事である、と彼はいう（MWG I/17: 103-104 = 2018: 74-76）。

ウェーバーが価値自由を掲げることで求めたのは、価値を前提にして成り立っている立場性が事実の領域を侵犯し、当然なされるべき議論を妨げることがないようにすることであった。[13]価値自由は、教室での教員の姿勢にも深く関係する。「仕事としての学問」の有名な箇所でウェーバーは次のように述べている。

教室で、教員は聴衆〔である学生〕に向き合って座る。ここで聴衆は黙っていなければならず、教員は講義をしなければならない。学生は進級のために、ある教員の講義に出なければならず、そしてその場で批判をもってこの教員に立ち向かうことは誰にも許されていない。教員の課題は、知識と学問上の経験で聴衆の役に立つことです。そうではなく、こうした状況を使って、自分の個人的な政治的見解をもとにして聴衆にスタンプを押す〔政治的見解を押し付ける〕のは、ぼくは無責任だと思う（MWG I/17: 97 = 2018: 62）。

事実と価値は異質であり、この違いを見極めることが知的誠実だ、とウェーバーはいう。そしてこの点を確認したうえで、右のように語っている。さまざまな学生がいる。もちろん教員とは異なる価値観を有している学生もいる。この事実を無視して、反論が許されない教室という場で、しかも教壇という一段高い所から、教員は学生に自分の価値を押し付けるべきではない。教室は街頭や集会の会場ではない。ウェーバーはこの点を強調する。

安藤英治は、教員に求められるこのような姿勢を「教壇禁欲」と呼び、価値自由とは区別して論じている（安藤 1968: 95-103）。しかし本書では、こうした区別はしないでおく。教室での教員の自制的な姿勢は、価値自由の理念から導き出される、と私は解釈する。このためここでは、教壇禁欲という言葉を、価値自由と独立して用いることはしない。そもそも教壇禁欲はウェーバー自身によって使われている用語ではない。私の知るかぎり、それは日本だけでしか流通していない。しかも、教壇禁欲という表現には「禁欲」（Askese）という言葉が含まれる。この言葉は、『プロテスタンティズムの倫理と資本主義の精神』など、宗教社会学の著作に出てくる別のキーワードであり、ウェーバーの方法論的な著作では使われていない。もちろん、価値自由と禁欲を関連づけて、解釈を展開することは可能であるし、実際にそのように展開されてきた。しかし本書では、それとは別の仕方で議論を進めることにしたい。

【注】

8　一九六四年に東京大学で開催されたウェーバー生誕百年のシンポジウムで、丸山眞男（一九一四〜一九九六）は「戦前における日本のヴェーバー研究」と題する報告を行った。戦前の研究動向がテーマだったこともあり、この報告ではもっぱら「没価値性」という訳語が使われている（丸山1965）。

9 ウェーバーの価値の理論は、ニーチェの遠近法主義（Perspektivismus）にほぼ対応している（Noguchi 2005: Kap. II = 2006: 第II章）。どの観点からものをみるのかによって、世界を整理し序列化する仕方、つまり価値づけが変わってくる。「神の死」というメタファーをウェーバーは用いてはいない。それでも、価値ないし観点はあくまで相対的であり、それらを基礎づけることはできない、と彼は考えた。共通の地盤はもはや存在せず、さまざまな価値が併存している。こうした前提で、ウェーバーは価値自由を論じている。

10 「価値判断」をめぐる意見書は、社会政策学会の会長のグスタフ・シュモラー（Gustav von Schmoller, 1838-1917）の呼びかけに応じて提出された。ウェーバーを含めて一五人の学者が意見書を寄せている。これらの意見書は一三四ページの小冊子にまとめられたが、あくまで学会内部の文章として扱われ、一般向けに刊行されることはなかった。今日では、これらの意見書はすべて（Nau 1996）で読むことができる。またウェーバー全集には、一九一三年の意見書と、加筆・修正された一九一七年の「価値自由」論文の両方が収録されており、テクスト間の異同を確認することができる（MWG I/12: 336-382, 445-512）。

11 観察の理論負荷性とウェーバーの価値関係には共通するところが多い。ただ、まったく違いがないわけではない。前者に比べて後者では、研究の前提となる観点が相互に対立するという点が強調される。ウェーバーの価値自由論の基礎には、価値の対立は不可避であるという認識がある。

12 「無前提」な学問はありえない、ということについて、ウェーバーは「仕事としての学問」でも論じている（MWG I/17: 93-95 = 2018: 55-58）。

13 価値が不適切に研究に影響を及ぼすことについて、アメリカの科学哲学者アーネスト・ネーゲル（Ernest Nagel, 1901-1985）は次のように述べている。「対策の一つは、社会科学者が、彼らがすべての偏見から自由であるという見せかけを、捨て去るということであり、その代わりに、彼らの価値選択をできるだけはっきりと、できるだけ十分に述べる、ということである」（Nagel 1961: 489＝1969: 123）。ウェーバーとネーゲルの知的背景はかなり異なる。しかし、研究者に価値ないし立場を自覚することを求める点で、ネーゲルの議論に「ウェーバーのアプローチのエコー」を聞くことは不可能ではない（Douglas 2011: 518）。

第2章 ウェーバーの時代
——進歩の思想とポジション・トーク

ドイツ社会学会の創設をめぐって[14]

第1章では、価値自由についての最低限の言葉の説明をした。しかし、最低限の説明だけでは、価値自由の意味は確定されない。実際に、価値自由はいろいろな文脈で、かなり異なる意味に理解され、論じられてきた。本書では次章以降、そうした具体的な文脈のなかで理解されてきた価値自由の意味を検討していく。

本章では、それに先立って、ウェーバーが価値自由を主張することになった当時の歴史的背景に立ち入ってみたい。彼はなぜ、いかなる事情で、誰に向けて価値自由を唱えたのか。これが本章の問いである。

ウェーバーの価値自由について論じる人は、グスタフ・シュモラーとウェーバーを中心にして展開された「価値判断論争」(Werturteilsstreit)から話を始めることが多い。シュモラーは歴史学派経済学の重鎮で、当時のアカデミズムの中心的な存在であった。この当時、「講壇社会主義」(Kathedersozialismus)という表現が使われていた。講壇というのは教室の教卓ないし教壇を意味し、大学に籍を持つ教授を指していた。「社会主義」とはいっても、彼らは急進的な社会主義者ではなかった。漸進的な社会改良によって劣悪な労働環境や貧困などの社会問題を解決することを目指していた。シュモラーはまさにこうした意味での講壇社会主義の代表であり、一八七三年に設立された社会政策学会の中心メンバーでもあった。

シュモラーら、講壇社会主義者に対抗して、社会政策学会の若い世代のウェーバーやゾンバルト（Werner Sombart, 1863-1941）は価値自由を掲げた。この論争が価値判断論争である。先ほど、ウェーバーは誰に向けて価値自由を唱えたのかという問いを出した。これに対する、差し当たりの答えはシュモラーということになる。

ただここでは、社会政策学会でのシュモラーとウェーバーの論争を追うということはせず、あらたに創設されたドイツ社会学会（DGS; Deutsche Gesellschaft für Soziologie）のあり方をめぐって展開された論争に目を向けてみたい。社会政策学会での論争を引きずりながら創設されたドイツ社会学会では、学会の規約をめぐる論争があった。それはまさに価値自由をめぐる論争でもあった。ウェーバー没後百年の二〇二〇年に、ドイツ語のマックス・ウェーバー全集が完結し、それまでアクセスするのが難しかった大量の書簡を含む資料が利用可能になった。これらの資料により、私たちはドイツ社会学会の規約をめぐるウェーバーの考え方と言動を、具体的にたどることができるようになった。本書では、ドイツ社会学会の創設期に焦点を当て、そこでの議論を追うことにする。それを通じて、ウェーバーがその時代に価値自由を主張した意味を考えることにしたい。

まず、ドイツ社会学会について、最低限の基本的なことを確認しておく。[15] この学会は一九〇九年三月七日に創設された。立ち上げのメンバーには、ウェーバーに加えて、『ゲマインシャフトとゲゼルシャフト』（Tönnies 2019 = 1957）の著者として知られ、初代のドイツ社会学会会長に就任するフェルディナント・テンニエス（Ferdinand Tönnies, 1855-1936）、そして形式社会学を提唱した哲学者のゲオルク・ジンメル（Georg Simmel, 1858-1918）らがいた[16]。

今日ではドイツでも日本でも、多くの大学で社会学の講義があり、社会学科や社会学部が存在する大学も少なくない。そして多くの研究者が社会学者として活動している。しかし、ドイツ社会学会が創設された時点で、ドイツの大学には社会学の正教授は一人もいなかった。ドイツで最初の社会学講座ができたのは、この学会の発足から一〇年後の一九一九年のことであった。医師のフランツ・オッペンハイマー（Franz Oppenheimer, 1864-1943）がフランクフルト大学の社会学の教授に就任した。同じ年にケルン大学では、哲学者のマックス・シェーラー（Max Scheler, 1874-1928）、そして経済学者で、形式社会学の研究で知られるレオポルト・フォン・ヴィーゼ（Leopold von Wiese, 1876-1969）が社会学の教授になった。

学会の創設は、当然のことながら、新しい研究分野として成立しつつあった社会学をどのように理解するかをめぐる議論を引き起こした。社会学者たちの自己理解をめぐる議論は、学会の規約（Satzung）とその修正に反映された。今日、多くの学会がインターネットのホームページで学会規約を公開している。例えば、政治思想学会規約をみると、「本会は、政治思想に関する研究を促進し、研究者相互の交流を図ることを目的とする」といったことが書かれている（政治思想学会 1994）。このような学会規約で、論争が生まれることはないと思われるかもしれない。ところが、発足当初のドイツ社会学会では、学会規約をめぐって継続的に議論が行われ、そして規約の修正が行われた。本書のテーマにとって重要なのは、一九〇九年一月三日のベルリン規約から、同年五月二九日のライプツィヒ規約への修正である。

① ベルリン規約

「ドイツ社会学会」という名称で団体を設立する。本部はベルリンに置く。団体の目的は、社会学の研究を促進し、社会学の知見を広めることである。

② ライプツィヒ規約

「ドイツ社会学会」という名称で団体を設立した。本部はベルリンに置く。団体の目的は、純粋に学問的な（rein wissenschaftlich）研究・調査を行うことにより、純粋に学問的な業績の公刊と援助とにより、そして定期的に開催されるドイツ社会学者大会の企画・運営により、社会学の知見を促進することにある。学会は社会学のあらゆる学問的な方向性と方法に、等しくその場を提供するが、なんらかの実践的（倫理的、宗教的、政治的、美的）目的を主張するものはこれを拒絶する。[17]

ベルリン規約は学会の発足の前に準備され、これが学会発足時点の規約になった。それから五ヶ月ほど後に、文言を付け加える形でライプツィヒ規約ができる。新しい規約では、ドイツ社会学会が「純粋に学問的」であることが明記される。そして方法的な多様性を承認する一方で、「なんらかの実践的（倫理的、宗教的、政治的、美的）目的」のために団体を使って活動することは明確に禁じられた。

この加筆に際しては、ウェーバーの主張が取り入れられた。内容的にも、彼の価値自由論につながる内容である。これだけ読むと、たんなる事務的な修正にみえる。しかし、この加筆をめぐっては論争があった。そしてそれはすっきりと一件落着とはならなかった。しかも、ウェーバーはこの学会で多数の賛同を得たわけでもなかった。彼は結局、この学会を退会することになる。その後、「純粋に学問的な」という表現も、規約から削除されるに至った（米沢 1991: 145）。

ゴルトシャイトと進歩主義的進化論

ウェーバーがドイツ社会学会の規約をめぐって論争をしたのは、ルードルフ・ゴルトシャイト（Rudolf Goldscheid, 1870-1931）であった。ウェーバーが最終的にこの学会を退会することになるのも、ゴルトシャイトとの関係によるところが大きかった。

ルードルフ・ゴルトシャイト

オーストリアの経済学者ゴルトシャイトは、一八九〇年代にベルリンでアドルフ・ワーグナー（Adolph Wagner, 1835-1917）とグスタフ・シュモラーのもとで経済学を学び、ヴィルヘルム・ディルタイ（Wilhelm Dilthey, 1833-1911）とゲオルク・ジンメルのもとで哲学と社会学を学んだ。ウィーンに戻ってから、彼は大学に籍を置かない在野の研究者として活動していた。

今日、日本でゴルトシャイトの名前を目にすることは多くはない。このため読者のなかには、かなり困惑されている方もいるかもしれない。しかし、彼は当時のドイツ語圏の重要な知識人であった。一九〇九年のドイツ社会学会に先立って、一九〇七年にウィーン社会学会（Soziologische Gesellschaft in Wien）が創設されていた。この学会の立ち上げに尽力したのもゴルトシャイトであった。

この時代の文献を読んでいると、ゴルトシャイトの名前を目にすることがよくある。例えば、ウェーバーとも親交のあった経済学者のヨーゼフ・シュンペーター（Joseph Schumpeter, 1883-1950）は、『租税国家の危機』で次のように書いている。

ゴルトシャイトの功績として永く残ることは、彼が最初に、この財政史的考察方法を適切に強調したこと、また、予算が国家の「あらゆる粉飾的イデオロギーを脱ぎすてた骨格」であるという真理〔…〕を広範な人びとに伝えたことである（Schumpeter 1918: 6 = 1983: 10）。

租税国家は、国家の収入を主として税金で賄う国家のことである。百年前のこの時代に、行政機能が拡大するとともに複雑化し、公務員が増え、行政コストが増大するなかで、租税国家のあり方をめぐる考察が必要になっていた。この課題は、もちろん過去のものではない。行政組織、ないし官僚制をめぐる現代の議論は、この課題を引き継いでいる（野口 2011a）。その意味で、私たちはまさに「租税国家の危機」の只中にいるともいえる。ゴルトシャイトはこうした問題領域に注目した先駆者であった（Goldscheid/Schumpeter 1976）[18]。

興味深い論点ではあるが、私たちの考察にとって重要なのは、租税国家ではない。注目すべきはゴルトシャイトの進化論的進歩主義のほうである。彼がドイツ社会学会の創設に尽力したのも、この思想のためであった。一九一九年から一九三四年まで、オーストリア社会民主党が首都ウィーンの政権与党だった時代に、「カール・マルクス・ホーフ」をはじめとして、多くの公共住宅が建築されるなど、社会主義的な政策が推進された。いわゆる「赤いウィーン」の時代である。ゴルトシャイトはこうした時代を生きていた。

彼は「人間経済（学）」（Menschenökonomie）というタームを生み出し、これを社会改良のためのキーワードとして用いた。「人間経済」というのは、人間的な経済というくらいの意味で理解してよさそうである。経済のシステムがそれ自身の論理で自律的に展開し、格差、貧困、過酷な労働条件など、多くの社会問題を生み出しているなかで、彼はこの概念を押し出した。人間経済は「現在の経済でもとても一般的に行われているような、人間生活、人間的な健康、そして人間的な発展力の途方もない消耗と、断固として決別する」理論である、と彼は書いている（Goldscheid 1908: 46）[19]。

今日、私たちは進歩という言葉をほとんど使わない。「彼は進歩的知識人だ」というように、嘲笑的に「進歩」ないし「進歩的」という言葉が用いられることがあるくらいである。もちろん、それぞれがそれぞれの意味で「よりよい社会」を求めてはいるのだろう。しかし、なんらかの規範的な方向性を指して進歩というタームが使われることは少ない。ミレニアル世代・Z世代のアメリカの若者は「プログレッシヴ」という表現をよく用いている。しかし、日本ではそのようなことはない。「時計の針を逆に回す」などの表現に出会うこともほとんどなくなった。進歩が世俗化された神学的概念であるとすれば、現実を超越するユートピア的な意識が枯渇しているということなのかもしれない。これに対して、百年前、「赤いウィーン」の時代は今日とはずいぶん違っていた。彼らは進歩を語った。ゴルトシャイトの「人間経済」は、まさにそうした進歩の理論であった。

ウェーバーと親しかった社会学者のパウル・ホーニヒスハイム（Paul Honigsheim, 1885-1963）

は、回想録『マックス・ウェーバーの思い出』で、ドイツ社会学会の設立の頃のことについても書いている。

ホーニヒスハイムは「一七世紀フランスのジャンセニスムの国家論と社会理論」という論文によって、一九一四年にハイデルベルク大学で博士号を取得した。ジャンセニスムはフランスで大きな影響力を持った宗教運動で、カルヴィニズム的な恩寵の教説を唱え、イエズス会と対立していた。ジャンセニスムは、パスカル（Blaise Pascal, 1623-1662）がこれに傾倒したことでも知られている。宗教運動の「支配の社会学」であるこの博士論文は、ウェーバーとともに、公法学者のゲオルク・イェリネック（Georg Jellinek, 1851-1911）の強い影響のもとで書かれた。ホーニヒスハイムはその後、ナチ時代に、多くのドイツの知識人がそうしたようにアメリカに亡命し、ミシガン州立大学で社会学を教えた。

彼はウェーバーとゴルトシャイトについて次のように書いている。

> 他の人々も社会学会の設立には関心をもっていた。しかし、この人たちはウェーバーと立場を異にしていた。〔…〕このグループのなかでもっとも有名な論客はルードルフ・ゴルトシャイトであった。彼は進化論的進歩主義者（progressive evolutionist）であり、彼と同じ考えをもつ友人と同様に、進歩に対するその強い信仰は科学的に基礎づけうると考えていた（Honigsheim 1968: 60 = 1972: 98）。

私たちは、『プロテスタンティズムの倫理と資本主義の精神』などの著作が古典の地位を確立したあとの時代に、ウェーバーのテクストを読んでいる。そうするとどうしても、ウェーバーは彼が生きていた時代からすでに、圧倒的なまでの理論的ヘゲモニーを獲得していたはずだと考えてしまいがちである。相手が今日ではほぼ忘れ去られたゴルトシャイトなので、なおさらそうなる。しかし、実際はそのような状況ではなかった。社会学者は進歩を語り、社会の進歩に貢献すべきだ、と考える多くの会員のなかで、ウェーバーはむしろ劣勢に立たされていた(Neef 2012: 266)。彼が価値自由を論じるのは、この文脈である。

先ほど引用した「価値自由」論文で、ウェーバーはゴルトシャイトの名前を出していない。しかし、彼のキーワードである「人間経済」というタームにカッコを付けて引用したうえで、次のように論じている。

「適応状態」(Angepaßtheit)という概念は〔…〕究極において根底にある評価(Wertung)については何も情報を提供しない。むしろこの概念は評価を覆い隠すだけである。例えば「人間経済」(Menschenökonomie)も同様である。これは最近好んで用いられているが、私の見解では根本的に混乱している(MWG I/12: 482 = 1972: 80)。[20]

当時のドイツ社会学会の会員やその周辺の人たちであれば、この記述がゴルトシャイトに向けられていることは一目瞭然だったと思われる。ただ、ここで書かれていることを一読しただけでは、どうも話がよくわからない。少なくともそれほどわかりやすくはない。いくぶん丁寧に意味内容を解きほぐしていく努力が必要となる。

当時は、進化論的な議論が広く受け入れられていた。これはドイツだけではなく、日本でもそうであった。しかし、その理解については多くのバリエーションがあった。進化論は「生存競争説」にもなれば、「相互扶助論」にも結びついた（飯田 2017: 第二章）。ここではもちろん進化論をめぐる議論の詳細に立ち入るわけにはいかない。私たちはあくまで価値自由を論じるウェーバーの視点を明確化するのに必要なかぎりで、進化論的な「適応」ないし「適応状態」をめぐる議論を追っていきたい。

進化論的な議論との関連でまず思いつくのは、ウェーバーが「魔法が解ける」ないし「脱魔術化」（Entzauberung）という用語をキーワードにした人だったということだろう。「仕事としての学問」の有名な一節で、彼は彼の時代をこのタームによって特徴づけている（MWG I/17: 87 = 2018: 43）。また、ウェーバーはゲオルク・ジンメルとともに「分化」（Differenzierung）という視点で近代社会を記述している。彼の理解では、宗教、経済、政治、芸術、性愛といった領域はそれぞれ独自の論理を持ち、それぞれの論理で自己展開していく傾向にある。社会学理論の機能分化につながる視点を、彼はかなり明確に保持していた。

したがって、ウェーバーはある一定の方向に進展する傾向が存在することそれ自体を否定していたわけではない。彼が問題にするのは、そうした方向性をめぐる議論の仕方である。評価する観点を自覚することなく、ある方向性に沿う振舞いを「適応」であるとし、あるいはそれに反する振舞いを「不適応」であると論じることに、彼は反対する。ある一定の傾向を「事実」として確認することは、その傾向を「正しい」ないし「よい」と判断することとは別である。事実から価値ないし評価を導き出すことを、ウェーバーはくり返し批判した。進化論的な議論は一定の環境への適応を進化として規範化する。彼はここに「混乱」をみる。

遺稿となった「歴史の概念について」で、ドイツの思想家のヴァルター・ベンヤミン（Walter Benjamin, 1892-1940）は、パウル・クレー（Paul Klee, 1879-1940）の「新しい天使」（Angelus Novus, 1920）という絵を手がかりにしながら、進歩の歴史哲学と対決した。多くの人とは反対に、ベンヤミンは進歩をカタストローフとして理解する。このカタストローフは「やすみなく廃墟の上に廃墟を積みかさねて、それをかれ〔天使〕の鼻っさきへつきつけてくる」と彼は書く。ここで廃墟と訳されているドイツ語はTrümmerで、瓦礫《がれき》、残骸、あるいは破片を意味する。この言葉は英語ではdebrisと訳される。原子炉内で溶けた燃料などが冷えて固まり、強い放射能を発するデブリは、ここでの「廃墟」に含まれる。このうえでベンヤミンは、よく知られているように、「均質で空虚な時間をとおって歴史が進行するという観念」を問題にする（Benjamin 2018: 632, 636 = 1994: 335, 340）。

自分たちこそが流れに乗っているという意識は、他の可能性を鈍感に押し潰していく。ウェーバーは、発展傾向の事実の確認と、その流れに貢献すべきだという規範を区別することを求める。こうすることで彼は進歩の思想に抗《あらが》う。ある発展傾向が「ある」と確認できるとしても、その事実からその傾向を促進「すべき」だ、という評価は出てこない。事実の確認は規範的な評価をもたらさない。あえて時流に乗らない生き方をしている人に対して、時流という事実を突きつけてこれに屈服させることはできない。そして学問の名のもとで、そうすることが好ましいわけでもない。

ウェーバーは一九〇九年の社会政策学会の討論で発言して、次のような人間になるべきなのかと問うている。その人間というのは「「秩序」(Ordnung) を必要とし、秩序しか必要としない人、「秩序」が一瞬でもぐらつくとナーバスで臆病になる人、この秩序への徹底した適応状態 (Angepaßtheit) から引き離されると、もうお手上げになる人」である (MWG I/8: 363 = 1982: 102)。ウェーバーは事実として官僚制化の傾向を認識していた。しかし、この事実を確認することは、秩序に対して過剰に適応し、その適応によって官僚制化の趨勢《すうせい》をますます前に進める生き方を評価し、推奨することとはもちろん異なる。

先ほどの引用をもう一度くり返すことを許していただきたい。「適応状態という概念は〔…〕究極において根底にある評価については何も情報を提供しない」(MWG I/12: 482 = 1972: 80)。ある傾向が確認できたとしても、その傾向は観点の設定の仕方によってさまざまに評価されうる。そしてそうした観点の多様性は尊重されなければならない。ゴルトシャイトの進化論的な進歩の思想では、こうした認識が完全に抜け落ちる。

遠近法とSNS

「価値自由」論文で、ウェーバーは進歩の語り方についての考察にページを割いている。彼はこの際にいくつかの例を挙げている。その一つが絵画の遠近法である（MWG I/12: 489 = 1972: 92）[21]。遠近法の発明は、遠近法を用いた表現技法の発展をもたらした。その効果は革命的ですらあった。遠近法以前の絵画では描けなかったものが描けるようになった。そしてそうした技術（テクニック）の発明は技術の進歩をもたらすことになる。ここには一定の方向に進んでいく発展傾向があり、その傾向は事実として確認することができる。

しかし、遠近法的な手法を用いて描かれた絵画が、遠近法以前の絵画と比べて、美的価値の点で優れているわけではない。少なくともそのように一義的に評価することはできない、とウェーバーはいう。ある一定の技術の進歩は、美的な判断とは別の論理に準拠している。彼が価値自由を主張する根拠はここにある。遠近法という技術は明らかに、ある面では芸術の表現を豊かにした。しかし、遠近法を用いていないジョット（Giotto di Bondone, 1267-1337）の『小鳥に説教をするアッシジの聖フランチェスコ』は、遠近法による作品に比べて、芸術的価値の程度が低いといえるだろうか。遠近法によって確立される、均質で無限に広がっていく空間は、明晰さと引き換えに何かを喪失してはいないか。実際にルネサンス後に興った、絵画を中心とする芸術様式であるマニエリスムでは、遠近法的な安定した空間を崩し、錯綜した空間を構成することに力が注がれた。やはり、ある技術の発展は一義的にプラスの評価につながらないのではないか。ウェーバーが事実から価値を導き出すことはできないというとき、彼はいつも複数の、一致しない評価の可能性を考えている。

ジョット『小鳥に説教をするアッシジの聖フランチェスコ』(1290-1300年頃)。遠近法ではなく、人物の重層的な配置と陰影によって奥行きが表現されている。

ウェーバーは、当時の流行り言葉であった「体験」(Erlebnis)についても議論している。[22] これも同じ視角からである。比較的安定した社会での、比較的閉鎖的な人間関係の内部で暮らしているのとは違って、政治的・経済的・文化的な変化の大きな社会では、人びとはより多くの体験の機会を持つ。

これまで見たことも聞いたこともないものに遭遇し、これまで知らなかった種類の人と出会い、びっくりするような出来事に出くわす。それぞれの接点で体験の機会が生まれる。そのときの自分にとって未知であり、それまでの自分の認識を揺さぶってくるものであれば、それは体験になる。[23]

私たちは日常的になんらかの驚きとともになんらかの体験をしている。一般的にいって、そうした体験は私たちの人生を豊かにしてくれる。それは基本的にはよいことであろう。そして私たちは体験をなんらかの形で語りたいという欲求を持つ。体験が大事だと思われる時代には、体験を公開したいという欲望も大きくなる。

もちろん、ウェーバーの時代にはSNSなどはなかった。インスタもFacebookもX（旧Twitter）もない。しかし彼は、よりすごい体験をしたいという欲望とそうした体験を公開したいという欲望が増大する傾向にあることをよく理解していた。SNSの発達はこの傾向を加速化した。多くの人が日々の体験を投稿し、共有する。そしてそれをめぐって波紋が広がる。しかもとても短い時間で、場合によってはかなり暴力的な仕方で、体験と、体験の公開と、それに対するレスポンスが展開していく。このプロセスが欲望をさらに煽《あお》り、技術的な進歩がそれを助ける。

このような体験の論理の展開に対して、ウェーバーは「距離の感情の喪失」ではないかと問いかける（MWG I/12: 485 = 1972: 84-85）。たくさんの体験をし、それを公開し、それを分かち合う。そうした欲望が技術を発展させ、その技術がさらに欲望を増大させる。自己顕示欲、承認欲求、嫉妬や羨望が刺激される[24]。それらがまた技術を高め、私たちの生活を条件づけていく。ここにはたしかに一つの発展傾向がある。一つの見方からすれば、それは進歩ということになるだろう。しかし、この見方は技術的な発展傾向に対する、あくまで一つの評価にすぎない。数多くの体験にいちいち敏感に、あるいは過敏に反応し、それを短いスパンでくり返す。こうした生き方は、それら個々の体験に振り回されているだけであり、そうした個々の体験に対する距離感を失っているだけではないか。数少ない体験を嚙み締め、反芻《はんすう》し、時間をかけて自分

マサッチオ「聖三位一体」(1427-28年)。消失点を設定し、直線をそれに収束させることで、三次元的な空間を表現している。

のものにしていく。こうすることでその体験に飲み込まれないで、その体験から距離をとり、ゆっくりと吟味し、それを血肉化していく。体験と公開性とSNSの時代には、このような「距離化」が難しくなる。こうした視点からするならば、地球規模で拡大した体験の可能性の増大は、私たちの生を貧困化しているということにもなる。ある一定の発展傾向を事実として確認することから、それに対するなんらかの評価が自動的に出てくるわけではない。事実と評価を無邪気に結びつけてよいわけでもない。体験のテクノロジーの発展傾向とそれに対する適応は、一義的によいものではない。少なくとも学問の名のもとで、この適応を正当化することはできない。

「人間的」をめぐってすれ違う論争

すでに述べたように、ウェーバーは「人間経済」というゴルトシャイトの概念に否定的で、これは「根本的に混乱している」という。ただ、ゴルトシャイト自身は、おそらくウェーバーのコメントをほとんど理解しなかった。彼からすれば、資本主義経済のネガティヴな作用が顕在化するなかで、より「人間的」な経済を主題化し、その方向で「進歩」を語ることは、混乱しているどころか、きわめて筋が通った議論に思えたはずである。しかしウェーバーからすると、「人間的」というのはあまりにも多義的である。これについて一義的に進歩を論じることはできない。ゴルトシャイトにとっての「人間的」という評価は、別の人にとってはそうではないかもしれない。別の人は別の基準で「人間的」を論じる可能性があるし、実際そうしている。

ウェーバーは療養で訪れていたマッジョーレ湖畔のアスコナから経済学者のローベルト・ヴィルブラント(Robert Wilbrandt, 1875-1954)に宛てて、一九一三年四月二日付で書簡を送っている。「価値自由」論文のもとになった意見書の提出期限はその前日、四月一日であった(Nau 1996: 50)。この書簡でウェーバーはいくぶん感情的になって次のように書いている。

> 例えば、「人間経済」とは何か(このゴルトシャイト的な概念は、私にはよく知られた事柄に対する新しい言葉にしかみえない)。これ〔「人間経済」〕によって、人間のいかなる質(Qualitäten)が発展させられるというのか。物理的なものだけではない、というのであれば、いかなる精神的な質なのか。もしかしたら反経済的な性質や作用を持つ人間の質も発展させられるのではないか。もう十分だ。私の頭ではどうにもならない。私は途方もなく疲れている(MWG II/8: 166)。

ここで傍線を引いている箇所は、ウェーバー全集でイタリックになっているところであり、ウェーバー自身による強調と考えてよい。「人間経済」の意味が賃上げとか、労働時間の短縮とか、産休・育休とか、そのような条件ではなく、人間の質の発展に関係するとすれば、それはどのような基準による、いかなる種類のものなのか。
「人間の質」というのは、ジャン＝ジャック・ルソー（Jean-Jacques Rousseau, 1712-1778）のいう徳のようなものかもしれないし、ハンナ・アーレント（Hannah Arendt, 1906-1975）の行為・活動（Handeln; action）に関係するものかもしれない。あるいはまた、(元) 野球選手のイチロー（鈴木一朗、一九七三〜）によるスタイルの洗練のようなものかもしれないし、芸人的なコミュニケーション能力でもありうる。

おそらくは複数出てくるであろう「人間的」の基準相互の関係はどうなるのか。今日であればさらに、この議論の前提となっている人間中心主義についても考えなければならないかもしれない。いずれにしても、「人間経済」という用語を使って議論しているかぎり、多義的な基準やそうした基準相互の関係などが問題にされることはない。その結果、ゴルトシャイトの主観的な思いが学問の体裁でまかり通ってしまう。

市野川容孝《いちのかわやすたか》（一九六四〜）はゴルトシャイトの人間経済について、次のような指摘をしている。

ゴルトシャイトは「人間経済学（Menschenoekonomie）」なるものを提唱し、これは後にワイマール初期のドイツ社民党内でもキーワードの一つになった。〔…〕社会民主主義が、安易な遺伝決定論を批判し、改良すべきは社会的な環境の方だと主張する。しかし、その改良が目指しているのは「人的資源」の合理的で計画的な再生産であり、この一点において人種衛生学（優生学）との差異は、ぼやけてくる（市野川 2007: 170）。

安楽死や強制不妊手術など、優生学が科学の名のもとで何を行ってきたかを、私たちは知っている。「人間経済（学）」と優生学の関係について判断することは、私にはできない。それでも、進歩の思想がそれによって損なうかもしれないものについて、ゴルトシャイトがあまり深刻に考えていなかったことは確実であるように思われる。

彼からすれば、この資本主義の危機の時代に、骨太に規範を語る必要があるということだったのだろう。そしてそれはそれで理解できない話ではない。しかし、ウェーバーはこれに反対した。価値評価が決して一義的ではないこと、複数の観点がありうることを、彼は強調した。今日の政治理論家であれば、「理に適《かな》った多元主義の事実」（the fact of reasonable pluralism）とでもいう事態を（Rawls 1993: 24n = 2022: 31）、ウェーバーも議論の前提としている。彼が価値自由を唱えるのは、価値が多元的に存在することを重く受け止めるからであった。

私たちを最も強く揺り動かす最高の理想は、どの時代にも、他の理想との闘争においてのみ実現される。〔このとき〕私たちにとって私たちの理想が神聖であるのと同じくらい、他の理想も神聖である（MWG I/7: 153 = 1998: 41）。

一義的に正しい「進歩」の方向が存在し、それがわかる人と、それを理解できないでいる人たちがいる、というようにはウェーバーは考えない。もちろんちゃんと「勉強」すれば、一つの答えが手に入るという場合も少なくない。むしろそのほうが多い。その地点までは人は「勉強」すべきであろう。しかし、人生にとって大事な問題ほど、答えは一つにはならない。自分に自分の信念があるのと同じように、他の人にもその人なりの信念がある。それぞれ譲れないポイントがある。それらの対立は簡単に片付けられないし、片付けてよい問題ではない。

ところで、そうだとすると、そのような強力な進歩主義者が存在するというのが、価値自由を主張する前提条件ということになるかもしれない。今日のように、根性の入った進歩主義者がほとんど見当たらないところでは、価値自由はその存在理由を失うか、あるいは少なくとも、敵を喪失して空転することになるかもしれない。また、さまざまな考え方があり、それらの多様性を可能なかぎり尊重し、むやみやたらに対立したり、闘争したりしないようにしたい、という気分が支配的になれば、価値は対立するものだ、という強い前提のもとで主張されたウェーバーの価値自由についても、異なる考察が求められることになるだろう。こうした問題については、本書の終章であらためて考えてみたい。

ウェーバーは、一九一二年一一月九日付の、社会学者ロベルト・ミヘルス（Robert Michels, 1876-1936）宛の書簡で次のように書いている。「私は「社会学者」〔ドイツ社会学会〕の委員会を抜けました。ゴルトシャイト氏のような、とてもねばねばした昆虫（klebrige Insekten）との闘争に、私の神経は長くはもちません。彼の堂々とした「功績」〔とされているもの〕やその「理想主義」〔とされているもの〕も同様です」（MWG II/7: 733）。

ここまでくると、ただたんに相性が悪かっただけではないかとすら思えてくる。ウェーバーはアンガー・マネジメントが得意な人ではなかった。実際にゴルトシャイトに対しては、かなりの苦手意識を持っていた。

それにしても、彼らの議論は噛み合わなかった。厄介なことに、事実と価値を分離することについて、ゴルトシャイトは面と向かっては反対していない。彼は「ある」と「べき」の区別が必要だということを認めているし、「価値自由」という点でウェーバーに賛成すると発言すらしている。しかしそのうえで、記述的な経済学だけでなく、規範的な経済学も必要である、と彼は主張する。「あるものについての純粋に記述的で因果的な記述に加えて、あるべきものが認識されない」場合には、「あるべきものが裏口から忍び寄る」、つまり「ストリートのスローガンが国民経済の最後の命令となる」と、ゴルトシャイトは述べている（Verein für Social-politik 1910: 595）。ウェーバーの価値自由的な学問は規範の定立を断念しており、その点であまりに無能力である。こうした批判は、ゴルトシャイトだけでなく、この後もさまざまな形でくり返されることになる。

両者の議論は深まらまかった。それでも肯定的にとらえるならば、ゴルトシャイトへの批判的な応答のなかで、ウェーバーの価値自由の理論がより明確になったともいえる。ゴルトシャイトは学問の名のもとで規範を提示しようとした。彼が社会学という学問にコミットしたのはそのためであった。これに対してウェーバーは、規範を指し示すことは基本的に学問の仕事ではないと考えた。ある事実を評価しようとするとき、それを評価する基準は複数ありうる。基準の複数性を重く受け止めるがゆえに、彼は事実と価値の分離を要求した。

生産性への反発

価値自由というのは、客観的な経験科学を樹立するための基礎理論だ、という説明がなされることがある。ウェーバーの理論を経験的リサーチに結びつけようとする人は、このように説明する傾向がある。しかし、ドイツ社会学会の創設期にウェーバーが価値自由という用語を前面に押し出していく経過を、とりわけゴルトシャイトとの関係からみてくると、強調点はかなり異なったところにあったことがわかる。彼が求めていたのは、どのような政治的な立場や意見を持っている人に対しても中立的な土俵を整えることではない。彼はなんらかの価値によって汚染されていない科学のために、価値自由を論じているわけではない。むしろ諸々の価値を尊重するがゆえに、彼は価値自由であることを要請する。ウェーバーが憤っているのは、経験科学の名のもとで、価値の問題が蔑《ないがし》ろにされることに対してである。

このことがよく示されたのが、一九〇九年の社会政策学会研究大会での討論であった。この大会は九月二七日から二九日の日程で、ゴルトシャイトのお膝元であるウィーンで開催された。ウェーバーは妻のマリアンネとともにこの大会に参加した。注目したいのは、生産性がテーマとなった三日目のプログラムである。この日、三つの報告とそれに続く討論が行われた。第一報告は、ウィーン大学の経済学者・財政学者のオイゲン・フォン・フィリッポヴィッチ（Eugen von Philippovich, 1858-1917）の「国民経済の生産性の本質とその測定の可能性」、第二報告は、機械工学が専門で、ベルリン王立工科大学（現在のベルリン工科大学）の学長も務めたオットー・カンメラー（Otto Kammerer, 1865-1951）の「技術の進歩が生産性に与える影響」、そして最後がオーストリア学派の経済学者フリードリヒ・フォン・ヴィーザー（Friedrich von Wieser, 1851-1926）の「貨幣価値の変動の測定について」であった。

ウェーバーはこの一連の議論にかなりの不満を抱いた。討論の部で、彼は発言した。経済活動の「生産性」とはいっても、さまざまな立場によって利害関心がかなり異なる、と彼は主張した。この点ではゾンバルトも同意見であった。ウェーバーは自分の前の討論者であったフライブルク大学の経済学者ローベルト・リーフマン（Robert Liefmann, 1874-1941）の発言に批判的にコメントした。

リーフマンは干し葡萄《ぶどう》や米の廃棄というトピックを取り上げた。干し葡萄や米が原価を下回り、したがって売れば売るほど損をするとき、これらを廃棄することが収益の確保のためには合理的であり、これこそが「国民福祉」を増進する、と彼は論じた。これに対してウェーバーは反論した。リーフマンが主張する「国民福祉」は、干し葡萄や米を日々の食糧としてできるだけ安価に購入したいという人びとの利益を損なうもので、それはあくまで「企業家」の私的な収益でしかない、と彼は指摘した（MWG I/12: 208 = 1982: 108）。観点の置き方で、合理性の意味は変わる。そして複数の合理性が成立し、それらには食い違いが起こる。

リーフマンによる廃棄の議論については、ウェーバーは「価値自由」論文でも言及している。そしてリーフマンの議論が自明ではない、いくつもの前提を基礎にしていると指摘する。階級状況が無視されており、さまざまな政治ユニットに属する人たちの間の、調整できない利害対立も軽視されている、というのがここでも論点であった（MWG I/12: 494-495 = 1972: 100-102）。

今日、大量の食品ロスが問題になっている。例えば、牛乳が余っているという。ところが、バターにするにもコストがかかるので、大量の牛乳が廃棄されざるをえない状況にあるらしい。これはもったいなく、かつ悲しいことである。しかし、この廃棄には合理性があり、経済的に仕方がないと説明されている。このように専門の人から廃棄の経済合理性が語られると、私たちは沈黙してしまう。そしてだいたいは諦める。しかしながら、その合理性はそれほど一義的に正しいのか。その合理性の正当化を科学の名のもとで遂行してしまってよいものなのか。ウェーバーの問題提起は基本的にいつも、価値ないし合理性が複数ありうるというポイントを中心に展開されている。

ウィーンで彼が問題にしたのも、社会政策学会に集った研究者たちが自分の視点の特殊性を忘却し、ある一定の事実から当為《とうい》（Sollen）、つまり「すべき」を論じることに対してであった。その研究者の観点とは異なる観点が存在すること、そしてその研究者の価値判断と別の研究者の価値判断の対立は学問によって調停できないこと、以上のことをウェーバーはくり返し主張した。強調点はあくまで価値であり、価値が複数あることである。彼は次のように述べている。

なぜわたしが異常に厳しく、ことあるごとに重箱の隅をつつくようにして、あるべきものとあるものの間の混同に反対するのかといえば、それはわたしが当為の問題を過小評価するからではありません。むしろまったく逆です。わたしは世界を揺り動かす意義を有し、最大の理念的射程を有する問題、つまりある意味で人間の胸底を揺すぶる最高レベルの問題が、ここにおいて「生産性」という技術的・経済的な問題に変換され、国民経済学のような一専門学科の議論対象にされることがなんとも我慢できないのです（MWG I/12: 210-211 = 1982: 110）。

ウェーバーは経験科学の基礎理論として価値自由を論じている。しかしそれと同時に、あるいはそれ以上に、経験科学の専制に抗するために、カウンターの論理として価値自由を要請している。

学問に中道はない

学問の名のもとで、ありうるさまざまな価値判断を否定しないこと、これが価値自由の要請の理論的な基礎であった。しかしこの場合には、価値自由はかなり極端な立場も容認することになる。多数派の「良識」からすると、どんなに奇妙なオピニオンでも、それはそれで一つのオピニオンである。そうすると、陰謀論者も歴史修正主義者もオカルト系も、なんでもありということになりはしないだろうか。

しかも、ウェーバーは学問論で中庸とかバランスとかを持ち出すことはない（MWG I/7: 98 = 1955: 83）。それどころか、シュモラーのような「中道」（mittlere Linie）に、彼は決して与《くみ》しない。

「中道」が経験的な学問領域の手段によって科学的に証明されるのは、「もっとも極端な」

評価がそうであるとのまさに同じくらいに少ない。それどころか評価の領域においてはまさに「中道」こそが、規範的にはもっとも一義的ではないであろう。「中道」は講壇ではなく、政治綱領、役所、そして議会のものである（MWG I/12: 459 = 1972: 38)。

価値や評価が学問によって基礎づけられないとすれば、かなり極端な立場も、多くの人には理解できない立場も、そして「中道」路線も、ウェーバー的な意味での学問の土俵では等価ということになる。

しかも「中道」であろうとするほど、人はさまざまな立場の人たちの主張を汲み取ろうとするので妥協的になり、自分の立場をわかりやすく説明することが難しくなり、そしてキレを失う。例えば、保育所から大学院まで学費をタダにするという立場は筋が通りやすい。しかし、親の所得によって学費が決まるようにしたり、一定以上の成績を奨学金給付の条件にしたり、返還免除の複雑な基準を導入したりして、バランスを取ろうとすると、なぜその基準なのかを説明することがものすごく困難になる。[25] もちろんウェーバーもそうしたやりくりや妥協が政治的に無意味だとは述べていない。彼が主張しているのは、妥協はあくまで議会などの政治のプロセスで行われるべきことであり、学問の領域の話ではないということである。

新型コロナ・ウイルスへの対策を例にとると、わかりやすいかもしれない。科学者はいくつかの対策の可能性と選択肢、そのリスクなどについて、専門家として発言できることだけに限定して発言すべきであり、そこで示された選択肢のいずれを採用するのか、あるいはそれら選択肢をどのようにブレンドするのかは、政治家のマターだ、というのがウェーバーの基本的な見解ということになる。科学者が科学者という肩書きで総合的な政治判断を下すことは、科学の領分からの逸脱である。同時に、政治家がある特定の感染症の専門家が述べていることをただそのままくり返すだけであれば、言葉の厳密な意味での「政治家の仕事」はできていないことになる。

この二つの領域を分けること、そして両者が混線しないようにすることをウェーバーは求める。しかしそうすると、かなり極端な立場や意見が併存し、場合によっては激しく罵倒しあうようなことになっても、この事態に学問は介入できなくなる。これは多元主義的な学問観ではある。しかし別の表現を使えば、「万人の万人に対する戦争」状態を容認し、それを促進すらしかねない学問理解ということになる。

そして実際にウェーバーは、ゼネストなどの直接行動を特徴とする、いわゆるサンディカリスムがいかに過激になったとしても、それを学問の名によって否定することはできないという(MWG I/12: 468 = 1972: 55)[26]。その直接行動が「無益」であり、それどころか「反動」を呼び起こし、その結果として労働者の階級状況をいっそう悪化させる蓋然性がきわめて高い、と指摘されても、サンディカリストにはその信条に殉じて行動する自由がある。最悪の結果が予想されていても、それでもなお究極の理想の実現に突き進むというのであれば、学問はそれ以上、口を挟むことはできない。このようにウェーバーは論じる（MWG I/12: 477-478 = 1972: 72）。

冷静な研究者による学問的な分析が、運動の成功をどれほど低く見積もろうとも、「この世界で何度でも不可能なことに手を伸ばさなかったとしたら、人は可能なことすら成し遂げることはなかった」ということに変わりはない（MWG I/17: 252 = 2018: 217）。学問的な研究はこの可能性を否定できないし、またそうすべきでもない。

サンディカリスムの評価をめぐっては、激しい議論があった。どちらにも言い分はある。しかしそれを学問的に仲介する可能性は、ウェーバーの場合には最初から否定されていた。とすると、残るのはガチンコのパワー・ゲームだけということになりはしないか。別のアジェンダでも同じである。改憲と護憲でも、原発推進と脱原発でも、同性婚賛成派と反対派でも、公共放送を維持するか廃止するかでも、相互にレッテルを貼り、自分の立場を正当化し、相手をけなすだけにならないか。分断の時代にあって、この問題は重い。

ポジション・トーク

ポジション・トークという言葉がある。自分個人の立場を確定し、そのうえでその立場に都合がよい、しばしば客観的な数字やデータを備えた情報を盛り込んだトークを展開することがそれである。ポジション・トークは、もともとは投資家やディーラーの世界に由来する、和製英語だといわれている。円安になったほうが儲かる立場にいる投資家は、当然のことながらそのような方向に誘導する発言をし、市場や市場関係者に影響を及ぼし、それによって利益を得ようとする。経済のアナリストであることと投資のアクターであることは矛盾しない。それどころか後者の側面のない前者はほとんどいない。その人の分析と発言はその人の利害と結びついているが、エビデンスがないわけではない。多くのポジション・トークは、その立場にとって都合がよい客観的な数字によって自説を裏付ける。しかし、その数字はもちろん彼のポジションによって取捨選択されている。都合が悪いエビデンスを隠すことも、もちろんありうる。

このような種類のトークは、投資家やディーラーに限定されない。近年、むしろより広く、一般的な文脈で、ポジション・トークという言葉が使われることが多くなってきた。原子力発電所を運営する電力会社の幹部が会社の代表として発言するときには、立場上、原発に肯定的な発言をすることになるだろう。政治家であれば、同じ選挙区の他党の候補に票が流れるようなトークは避けようとする。むしろなるべく自分の票が増えるようなしゃべり方を心掛けるであろう。会社役員や政治家がそのように語り、そのように振舞うとき、彼らはポジション・トーク的に思考し、そのように発話している。一見すると客観的だが、よくみればわかりやすい我田引水ということは珍しいことではない。

かつてハンガリーのブダペスト出身の社会学者カール・マンハイム（Karl Mannheim, 1893-

1947）は、マルクス主義のイデオロギー論を一般化する形で「存在被拘束性」という用語を使った。ある人の政治的な立場は、その人の「存在」（ポジション）によって規定されているというのがその意味である。今の言い方をすれば、ポジション・トークの問題ということになる。ただし、マンハイムはそのような「拘束性」にアテンションを向け、その縛りから抜け出る思考を模索した。[27] これに対して今日、ポジション・トークという表現が使われるときには、そういう立場だから仕方がないという諦めに似た感情が伴っていることが多い。そうなると、話してもムダなので話そうとさえしなくなる。

自分のものの見方を組み替える

ウェーバーが自らの依拠する価値を明晰に意識することを求めるとき、この要請は自分の価値に居直るポジション・トークにつながる危険性を内包している。しかしながら、そもそも価値からの自由を求めることには、このようなポジション・トークを否定するという意味が含まれているのではないか。

思想史の研究者は、自分のものの見方を一度カッコに入れて、研究対象である人や時代の著作をそれ自体として理解しようとする。もちろん結果として、その研究者はその人や時代の思考に対して否定的な評価をくだすことになるかもしれない。しかし、とりあえずは、今の自分の見方から自由に、当該の本や資料や作品と向き合ってみることからすべてが始まる。そうして昔のテクストを読んでいるとき、少なくともその間は、読書する主体は別の時代から、また他者のものの見方から世界を眺めることができる。それまでの自分の価値から自由にテクストを読むことで、人はそのときまでの自分の思考を別角度から見つめ直すことになる。複数の視線やそれらの絡まり合いを言語化し、そこにある齟齬《そご》について考える。こうする過程で、自分のものの見方を組み替える可能性が生まれる。

読む前と読んだ後で、ポジションがまったく変わらないのであれば、はたしてテクストを読むという作業の意味はあるのだろうか。ポジションの変化のない読書は、自分の所与のポジションの正しさを追認し、それによって安心感を得るための気休めになってしまいかねない。

これに対して価値自由の考え方には、おそらくそれまでの自分のポジションからの解放の可能性と「遊び」の契機が入っている。価値自由はリベラル・アーツの理論だ、とまで気負ったテーゼを立てるつもりはない。それでも、両者は無関係ではない。

それまでの自分から自由になるということには、当然のことながら、とまどいや悩み、ブレなど、中途半端な時間が接続する。これは少しもおかしなことではない。「病んでいる」わけでもない。むしろ、最初から立場性が決まっていて、変わることを想定していないポジション・トークは、そのポジションという「洞窟」ないし「檻」に閉じ込められて、外に出ることができない可哀想な人の放言ともいえる。[28]

ウェーバーが価値自由を唱えたのは、単線の進歩のレールに対抗するためであった。彼のこの要請は、複数の価値を尊重するがゆえになされた。そして価値自由には、今の自分のオピニオンを離れて、相互の対話の可能性を開くという含意を読み取ることもできる。

これに対して今日では、さまざまな立場が相互に議論を深めることができず、それぞれのポジション・トークを展開する傾向にある。進歩のメインストリームがなくなり、タコツボ化し、島宇宙化したさまざまな「世界」が併存しているようにみえる。こうしたなかで価値自由はいかなる意味を持つのか。価値自由はポジション・トーク的なものを増殖させはするが、それに対して基本的に無力なのではないか。次章で、私たちはもう一度この問題に立ち返る。

【注】

14　ドイツ社会学会についての以下の考察は、ドイツ現代史学会二〇二一年度大会のシンポジウム「学問と政治の関係を考える」での私の報告「ドイツ社会学会（一九〇九〜一九三四年）における学問と政治――「価値自由」の行方」をもとにしている（野口 2023）。当日の議論から多くのことを学んだ。同会の関係者のみなさまに御礼申し上げたい。

15　ドイツ社会学会の設立については（Dörk 2019）を参照。日本語文献では（米沢 1991）がまず参照されるべきである。

16　ウェーバーがドイツ社会学会に参加したのは、ジンメルからの誘いによるものであった（Simmel 2005: 669）。

17　ドイツ社会学会の規約と規約の修正については、ウェーバー全集の大学および学問政策についての文章を集めた巻に掲載されている（MWG I/13: 857-868）。なお、引用内の傍線は野口による。

18　すでに述べたように、今日では一般に、ゴルトシャイトの名前を目にする機会は多くない。しかし、例外がある。財政学、なかでも財政社会学である。この領域の文献では、ゴルトシャイトは今なお現役である（神野 2007: 53-54）。

19　ウェーバーも「人間経済」という言葉を知らなかったわけではない。一九〇八年九月三日にハイデルベルクで行われた第三回国際哲学会議で、ゴルトシャイトは自著の概要を報告している。このとき討論者としてこの報告にコメントしたのが、ウェーバーであった（MWG I/12: 519-524）。

20　ドイツ語のAnpassung（英語ではadaptation）が「適応」であるとすれば、Angepaßtheit（adaptedness）は適応している状態、あるいはそうした適応の結果として生じた性質を指す。ここでは「適応状態」と訳しておく。

21　遠近法についてウェーバーは、宗教社会学論集「序言」でも論じている（MWG I/18: 104 = 1972: 8）。また、彼は一九〇八年四月に旅行でフィレンツェのサンタ・マリア・ノヴェッラ教会を訪れている（MWG II/5: 536）。奥行きや立体感を出す透視法を用いて描かれたマサッチョ（Masaccio, 1401-1428）のフレスコ画『聖三位一体』も、彼はこのとき観ているはずである。なお、「価値自由」論文でウェーバーは、価値領域と経験的なものの分離に関連して、「絵画の発展の領域」の経験的研究の卓越した例として、美術史家ハインリヒ・ヴェルフリン（Heinrich Wölfflin, 1864-1945）の

22　『古典芸術』（Wölfflin 1899 = 1962）に言及している（MWG I/12: 489 = 1972: 92）。ディルタイの『体験と創作』（Dilthey 2005 = 1961）が注目されるなど、体験はこの時代の流行の言葉であった。体験については講演「仕事としての学問」でも論じられている（MWG I/17: 84 = 2018: 36）。

23　もちろん体験の過剰は、その反動として関心の喪失や倦怠感を生む傾向にある。多くの人が、一時的にはSNSに熱中しても、しばらくするとSNS離れを起こすことが知られている。もちろんこうした現象は本書の考察の対象ではない。

24　SNS時代の嫉妬については（山本 2024）を参照。

25　政治的イデオロギーとしての新自由主義の強みは、基準のわかりやすさにある。そして強いリーダーシップを求める政治家ほど、新自由主義に引き寄せられる（野口 2011a: 115-117）。新自由主義と価値自由の関係については、本書第5章であらためて論じる。

26　一九一七年の「価値自由」論文では、ウェーバーは責任倫理と信条倫理という対抗する概念を用いてはいない。しかし、彼がサンディカリスムを「信条倫理」として理解していることは明らかである。

27　マンハイムのイデオロギー論については、本書の終章でもう一度論じる。

28　「鉄の檻」というメタファーについては（野口 2021a）を参照。

第3章

一九三〇年代の方法論

——「事実をして語らしめる」をめぐって

日独で異なるウェーバー受容

第2章では、ウェーバーが彼の時代の文脈で、なぜ価値自由を唱えたのかについて考察した。ここからは、彼の没後に価値自由がいかに理解され、受容ないし拒絶されてきたのかを、いくつかの局面に着目して論じていく。

まず本章では、一九三〇年代に、ドイツと日本でどのようにウェーバーの方法論が受容されたのか、そしてそれがどのような意味を持ったのかを考察する。ドイツと日本の受容とはいっても、さして違いはないと思われるかもしれない。あるいは、ドイツの研究が時間的に若干遅れて日本に輸入されたのだろうと推測される方もいるだろう。もちろんそのような研究の紹介のされ方がなかったわけではない。しかし、戦時動員体制へと向かっていく同じ時期に、ドイツのウェーバーと日本のウェーバーはかなり異なるものになっていく。

ドイツの研究状況からみていきたい。シュモラーらの先行世代に対して価値自由を唱えたとき、ウェーバーは挑戦者であった。ところが、世代交代しても、彼の価値自由論がメインストリームになったわけではなかった。むしろ後続の世代から、彼は多くの批判を受けることになる。講演「仕事としての学問」(Wissenschaft als Beruf) に対しては、エーリヒ・フォン・カーラー（Erich von Kahler, 1885-1970）が『学問の使命』（Der Beruf der Wissenschaft）を書いて真正面からの批判を展開している（Kahler 1920）。ウェーバーが価値を主観主義的・相対主義的に理解し、学問には価値をめぐる争いに答えを出すことができないと論じたことを、カーラーは問題にした。このときまさに批判の標的になったのが価値自由であった（Pohle 2009）[29]。

文学史家のフリードリヒ・グンドルフ（Friedrich Gundolf, 1880-1931）など、詩人のシュテファン・ゲオルゲ（Stefan George, 1868-1933）の近くにいた学者たちの多くは、一人の人物としてウェーバーを高く評価していた。しかしながら、価値自由に対しては、彼らは当然のことながら否定的な態度をとった。全体性や本来性を探求しようとする人たちには、概してウェーバーの価値自由は人気がない。

ウェーバーによる価値自由の要請は、機能分化という観点から理解することができる。実際に、ウェーバーはこの分化に対応する形でさまざまな合理性・合理化について論じている。しかしこの当時、このような側面は評価されることはなかった。この時代のドイツでは、全体性を放棄した、自己限定的な学問理解に対して批判が向けられた[30]。

マンハイムによるウェーバー批判

ウェーバー没後の彼の受容の一つの例として、ここでは一九二八年にチューリッヒで開催された、第六回ドイツ社会学会でのカール・マンハイムの報告「精神領域における競争の意義」を取り上げて、検討してみたい。報告のタイトルからはそのように理解されないかもしれないが、この報告はウェーバー的な（価値の）「競争」理論に対する批判的考察であった。

価値の対立を直視し、それに対して誠実に向き合うことを求めるウェーバーの立場は、ゴルトシャイトらの進歩主義者に対しては、一定の意味を持った。しかし、その後、ワイマールの政党政治は分極化していく。こうした状況を背景として、同じ主張も違う仕方で検討されることになる。マンハイムの報告が試みたのは、まさにこうした評価の転換であった。

カール・マンハイム

彼は「存在の公共的な解釈」をめぐる競争を次の四つの段階に整理して論じている。最初は、同意にもとづく協力が成り立っている伝統社会の段階、第二は、一つの解釈集団（中世社会の教会）による独占状態、第三は、相互の関連を失った原子化された集団による競争の段階、そして第四に、しだいに支配的になっていく少数の極への集中の段階である（Mannheim 1929: 47 = 1958: 133-134）。一九二八年のワイマールの文化的・政治的状況は、まさにこの第四段階として理解される。

マンハイムは自由主義、保守主義、社会主義について記述したあと、次のように指摘する。

緊張の原理的な調停不可能（Unschlichtbarkeit der Spannungen）がはじめから既成事実であるとする人はみな、分極化の瞬間（Moment der Polarisation）がまぶしく照らし出されるという、われわれのこれまで叙述した局面に固執するであろう。しかし、これは状態の一面を絶対化するものである（Mannheim 1929: 74 = 1958: 181）。

彼はここで、マックス・ウェーバーの名前を出しているわけではない。しかし、価値の対立を不可避とし、それに耐えることを求めたウェーバーの理論的な前提は、マンハイムの図式では明らかに、分極化のモーメントを「絶対化」するものにみえる。そして、この時代に、社会学者も含めて多くの同時代人がウェーバーから離れていった理由の一つもここにあった。[31]

この会場には社会学者のノルベルト・エリアス（Norbert Elias, 1897-1990）もいた（Blomert 1999）。彼はその後、フランクフルト大学でマンハイムの助手になり、『宮廷社会』の執筆に取り組むことになる（Elias 2002 = 1981）。この学会セッションの模様を、エリアスは次のように回想している。

意図的であったにしろ、意図的でなかったにしろ、マンハイムがいささかアルフレート〔・ウェーバー〕の怒りを刺激したことは確かであった。マンハイムは自由主義を相対化するような説明によって、また、社会学の研究を政治的価値判断から解放することが可能であるといったマックス・ウェーバーの考えを半ば隠しながら攻撃することによってそうしたのである（Elias 1990: 153 = 2017: 212-213）。

ここで言及されているマックスの弟のアルフレート・ウェーバー（Alfred Weber, 1868-1958）は、たしかにこの研究大会の会場にいた。そしてマンハイムの報告に対して討論者として発言している。ところが、この学会記録を読むかぎり、アルフレートの討論の力点は少し異なる点に置かれている。「行為の基礎である精神の創造的なもの」に彼は注意を向ける（Alfred Weber 2000: 415）。思考が「存在」によって拘束されることに注目するマンハイムの「知性主義」(Intellektualismus）は、精神の創造性を軽視しているのではないか。アルフレートが問題にしたのは、この点であった（Merz-Benz 2020: 34）。

このためエリアスによる記述は、彼の理解と印象が強く反映されたものとして読まれるべきかもしれない。[32] いずれにしても、諸党派間の対立が先鋭化し、社会の分断の危機が深刻化するなかで、マックス・ウェーバー流の抗争的自由主義が限界を露呈していることは、その時代のほとんどの人にとって明らかであった。

以上のような文脈で、マンハイムは「総合」(Synthese)を理論的なテーマに据えようとする。分極化や対立の激化は、同時にその反対運動として総合への動きも生み出しており、共通のプラットフォームが形成される可能性もある、と彼は考えた。マンハイムにとって社会学の課題は、ゴルトシャイトのように進歩に寄与することでも、ウェーバーのように対立があるものは対立があるものとして扱い、学問によってこれに決着をつけようとしないことでもなく、同時代の思想的潮流・政治的党派の媒介と総合に寄与することであった。

私たちはその後のドイツ社会学会の運命を知っている。マンハイムの問題提起がドイツ社会学会や、より広い公共圏で現実的な影響力を持つことはほとんどなかった。一九三〇年の第七回ベルリン大会は開催されたものの、会長のテンニエスのお膝元のキールで、一九三三年に予定されていた第八回大会は開催されなかった。会長も保守的なハンス・フライアー(Hans Freyer, 1987-1969)に交代した。[33] しかしそれにもかかわらず、ドイツ社会学会はこのまま活動を停止する。この学会は解散にこそ追い込まれることはなかったものの、活動は継続できなくなった。フランクフルト学派の研究者を含め、多くはアメリカ合衆国に亡命した。マンハイムもイギリスに亡命することになる。[34]

日中戦争とウェーバーの発見

「自由主義の限界」が指摘され、権威主義的な思想や運動が勢力を増していく。こうした時代にあって、ウェーバーの価値自由の議論を積極的に受け止め、その着想を発展させようとするモチベーションは、本国のドイツでは低下していく。

これに対して、日本では状況が異なっていた。自由主義の危機からファシズムへと向かう傾向については、日本もドイツと同じであった。しかし、ドイツと違って、日本ではむしろこの局面でウェーバーへの関心が高まっていく。ウェーバーの著作、とりわけ方法論についての著作が日本語に翻訳されるのは、まさにこの時期であった。

ルヨ・ブレンターノ（Lujo Brentano, 1844-1931）のもとで学んだ福田徳三（一八七四〜一九三〇）のような、弟子にあたる日本人の研究者を、ウェーバーは持っていなかった。このため彼のことをよく知る、日本の研究者がウェーバーの著作を日本に紹介するということはなかった。翻訳としては一九二七年に社会経済史家の黑正巖《こくしょういわお》（一八九五〜一九四九）訳の『社會經濟史原論』が岩波書店から刊行されており、これは当時、広く読まれていた（MWG Ⅲ/6 = 1927）。しかしここで注目したいのは、方法論的な著作の翻訳が一九三〇年代の後半、とくに日中戦争の勃発の前後に集中しているということである。次の三冊が一九三六年と三七年に相次いで刊行された。

①『職業としての學問』尾高邦雄訳、岩波文庫、一九三六年
②『社會科學方法論』恒藤恭校閲、富永祐治・立野保男訳、岩波文庫、一九三六年
③『社會科學と價値判斷の諸問題』戸田武雄訳、有斐閣、一九三七年

①は一九八〇年に尾高邦雄（一九〇八〜一九九三）自身によって改訳され、今日でも流通している。②は『社会科学と社会政策にかかわる認識の「客観性」』というタイトルに変更され、折原浩（一九三五〜）による補訳が付けられて、現在も流通している。③では「客観性」論文とともに、「価値自由」論文が翻訳され、収録された。ただし、このときWertfreiheitは「没価値性」と訳されている。

ライト・ミルズ

日本語訳の刊行は、英訳に比べてもかなり早かった。「仕事としての学問」（Wissenschaft als Beruf）の英訳が出たのは一九四六年で、この訳文はハンス・ガース（Hans Heinrich Gerth, 1908-1978）とライト・ミルズ（Charles Wright Mills, 1916-1962）によるウェーバーの翻訳集 *From Max Weber* に収

表1

	ドイツ語(オリジナル)	英訳	日本語訳
1904	»Objektivität«「客観性」論文		
1904/05	Protestantische Ethik プロテスタンティズムの倫理と資本主義の精神		
1917	Wissenschaft als Beruf 仕事としての学問(講演) »Wertfreiheit«「価値自由」論文		
1919	Politik als Beruf 仕事としての政治(講演)		
1930		Protestant Ethic (trans. by Talcott Parsons)	
1936			職業としての学問 「客観性」論文
1937			「価値自由」論文
1938			プロテスタンティズムの倫理と資本主義の精神
1939			職業としての政治
1946		Science/Politics as a Vocation	
1949		"Objectivity" "Ethical Neutrality"	

表2

	日本語訳	歴史的出来事
1931		満州事変
1935		美濃部達吉、貴族院議員辞任
1936	職業としての学問	
	「客観性」論文	
1937	「価値自由」論文	日中戦争勃発
1938	プロテスタンティズムの倫理と資本主義の精神	総動員法
1939	職業としての政治	ノモンハン事件、ドイツによるポーランド侵攻
1940	儒教と道教	三国同盟
1941		太平洋戦争勃発

められた。タイトルはScience as a Vocationで、Politics as a Vocationとセットで翻訳されている（Weber 1946）。また「客観性」論文と「価値自由」論文は、一九四九年に刊行されたエドワード・シルズ（Edward Shils, 1910-1995）とヘンリー・フィンチ（Henry Albert Finch, 1911-1968）による翻訳 *The Methodology of the Social Sciences* に収録された（Weber 1949）[35]。

ここで、「価値自由」論文の英訳タイトルはThe Meaning of "Ethical Neutrality" in Sociology and Economicsとされている。価値自由と価値中立の差異は問題にされることなく、シルズの英訳では「倫理的中立性」（Ethical Neutrality）がWertfreiheitの訳語として採用された。

国内亡命

一九三〇年代後半に、つまり日中戦争勃発の前後の時期に、ウェーバーの著作、とくに方法論の分野の翻訳が立て続けに刊行された。なぜこの時期だったのか。

一九三五年に、いわゆる天皇機関説への非難が政治問題化し、美濃部達吉《みのべたつきち》が貴族院議員の辞任に追い込まれる。彼の三冊の著作も発禁処分となった。アカデミズムの自由は確実に脅かされつつあった。二〇二〇年に日本学術会議会員の任命が拒否されたとき、多くの人があらためて注目したのが、まさにこの時代であった。政治権力にとって都合のよくない学問の自由が政治権力によって侵害されていくというのは、世界の権威主義体制で共通にみられる傾向でもある。「新しい戦前」という言葉すら用いられ、しかもそれに説得力を感じた人も少なくなかった。

ウェーバーの方法論が読まれるようになったのは、危機の時代であった。ウェーバー受容史の研究でヴォルフガング・シュヴェントカーは、この時期の日本のウェーバー研究を指して、「国内亡命」(innere Emigration)という表現を用いている(Schwentker 1998: 141 = 2013: 114)。ヒトラーが政権を掌握した一九三三年前後に、ドイツの多くの知識人が国外に亡命した。その多くがアメリカに渡った。フランクフルト学派に属する知識人やハンナ・アーレント、エリック・フェーゲリン(Eric Voegelin, 1901-1985)、レオ・シュトラウス(Leo Strauss, 1899-1973)などの人たちである。これに対して、ナチズムに批判的ではあったが、ドイツ国内に留まった知識人や芸術家もいた。国内亡命は、こうした人たちを指して用いられる。ナチズムの支配に批判的ではあっても、表立って政権批判をすれば、それは過酷な弾圧の対象になる。このため彼らの抵抗は内面的なものに限定されざるをえなかった。

一九三〇年代の日本のウェーバー研究も、「国内亡命」の一つの現象形態だった。これがシュヴェントカーのテーゼである。大学での自由な研究・教育が難しくなり、とくにマルクスやマルクス主義の著作を扱うことが難しくなるなかで、一見したところ政権批判に直接的に結びつかない、マックス・ウェーバーの研究が隠れ蓑《みの》になった、と彼は解釈する。実際に、『獨逸社會政策思想史』（大河内 1936）や『スミスとリスト』（大河内 1943）などの著作で知られる、経済学者の大河内一男（一九〇五～一九八四）も、戦後になって、次のように書いている。

> 人々はマルクスの線から一歩後退してウェーバーの線に就いた。それは、現象的には明らかに、社会科学に対する「没価値」的な〔…〕「客観性」を代表するものであったが、しかも実質的には、戦争批判の最も有力な形態であり、〔…〕しかも社会科学的立場を守ろうとするための、いわば最低条件であった。だから、ウェーバーの線を守れ、あるいは、ウェーバーの線まで出ろ、というのが、当時社会科学に従うものの合言葉であった（大河内 1968: 54）。

大河内の場合も、そしてその他の知識人にとっても、マルクスとウェーバーはそれほど綺麗にはオーバーラップしていない。それでも、特異な事情のもとで日本では、マルクスとウェーバーが対立的ではなく、むしろ相補的に読まれるという系譜が生まれた。大塚久雄（一九〇七〜一九九六）から徳永恂《とくながまこと》（一九二九〜）まで、このような相補的な読解は多くの学術的な成果を産んできた。

左派・リベラルのウェーバー読みは、日本にいると当たり前にみえるかもしれない。しかし、マルクスとウェーバーは「水と油」とまではいわないとしても、本来はかなり対立的な思想家である。もちろん、ゲオルク・ルカーチ（Georg Lukács, 1885-1971）の『歴史と階級意識』（Lukács 2012 = 1968）やカール・ウィットフォーゲル（Karl August Wittfogel, 1896-1988）の『オリエンタル・デスポティズム』（Wittfogel 1957 = 1995）など、両者を媒介することに成功した研究は存在する。しかし同時に、ウェーバーを参照してマルクス主義を批判する新自由主義者や、ウェーバーを信奉する保守系の歴史家や政治家、あるいはウェーバーに批判的な左派やアナキストなどはいくらでもいる。これに対して日本の読書界では、少なくともある時点までは「マルクスとウェーバー」を相補的に読む傾向が強かった。この傾向は、一九三〇年代にまで遡ることができる。

話を価値自由に戻したい。この時代に価値自由を論じることの意味について、社会学者の清水幾太郎《いくたろう》（一九〇七〜一九八八）も、『職業としての学問』の訳者の尾高邦雄との対談で次のように述べている。

軍国主義的な時流の中で、ウェルトフライハイトなんていうことが通用しなくなった時期、「抵抗」などという大袈裟な言葉は使わないほうがよいが、時流に背を向けるような気持ちで、学問と政治とは別だということをウェルトフライハイトという言葉に託した人もいたわけだ（清水／尾高 1975: 7）。

戦争中のことを一九七〇年代に回顧して語るとき、さまざまな記憶の再編成がなかったと想定するわけにはいかないだろう。また、清水が「ウェルトフライハイトという言葉に託した人もいた」という表現を使うとき、彼や尾高はここに含まれるのかどうか。「託した人もいた」ということは、自分はそれほどでもなかったという含意があるのかもしれない。清水は戦時中、検閲官の目を意識しながらも、新聞に文章を書き続けた。彼の執筆活動についてはさまざまな議論がある。迎合と抵抗の峻別は難しい。ただそれでも、一九三〇年代後半に、ウェーバーの方法論的な著作が相次いで翻訳され、そして読まれた事情の説明として、清水幾太郎の回想には説得力がある。

イデオロギー的な正当化やごまかしに対しては、事実を突きつけることに大きな意味がある。「事実を事実として伝えられなくなっていった」というフレーズは、戦時中の報道に対する反省の弁の定型句である。このような状況で価値自由を語ることは、すでに一つの抵抗の形式たりえた。この解釈はシュヴェントカーの「国内亡命」テーゼにも通じる。

しかし、この時代にウェーバーの著作を翻訳した訳者たちが、このような形での抵抗の意図をどれほど明確に持っていたのかについては、かなり疑問なところがある。

尾高は『職業としての学問』の翻訳の数年前に、「没價値性批判」と題する、四〇〇頁近い論文を書いている（尾高 1933）。この論文が発表されたのは、東京社会科学研究所の年報であった。この研究所は、特高警察に睨まれて翌年閉鎖されることになる。尾高はここで、エーリッヒ・カーラーなど、主としてドイツでの価値自由（没価値）をめぐる議論状況を幅広くレビューしている。すでに述べたように、この時代のドイツではウェーバーの方法論への評価は高くない。ドイツの批判的な議論を紹介しながら書かれている尾高の論文も、ウェーバーの理論的な乗り越えを企図する内容になっている。[36]

ウェーバーの著作の訳者がウェーバーに対してかならずしも肯定的ではないというのは、尾高の場合だけではない。同時期にウェーバーの方法論的な著作をまとめて翻訳した経済学者の戸田武雄（一九〇五〜一九九三）も、ウェーバーの理論に対して一定の距離をとっている。彼は翻訳の「訳者序文」で「私は読者がマックス・ウェーバーを簡単に卒業されざることを希望する」と書いている（戸田 1937: 3）。このような微妙な書き方をするとき、政治権力に対する偽装の意図がどれほどあったのかどうか。この点についてはよくわからない。それでも、熱烈にウェーバーを信奉している研究者が明確な意図を持ちながら、彼の著作の翻訳をしたというわけでは、どうやらなさそうである。

さらに、「没価値」を主張することは、ヘゲモニーを握っている側の人たちの主張を黙認することにもつながる。そればかりか、三《み》苫《とま》利幸《としゆき》（一九六九〜）が論じているように、ウェーバーの「没価値」を日本に紹介した研究者が戦時下で動員体制に対して抵抗するどころか、むしろそれを支えたという側面がなかったわけではない（三苫 2014: 73）。

先ほど引用した大河内一男にしても、戦時中の彼の言論活動を「没価値」的な仕方での戦争への抵抗という枠組みだけで論じるわけにはいかない。高畠通敏《たかばたけみちとし》（一九三三〜二〇〇四）は『共同研究 転向』で、大河内の生産力理論を検討し、次のように書いている。

> 大河内の「弁明」は、一つには彼がついに政策目的＝戦争の全体的批判を内包する分析視角を造型しえなかったことの逆説的表白でもあった。そしてそれはまた「科学の名における教説」のつねに陥る道でもあった。科学的分析と理想とを全く無媒介的に考えることによって、いつしか科学の中に「科学的理想」がすべり込み、分析の視角に対する「思想的」責任は自覚されず、逆に教説に対する主体的責任は「客観的分析」の中に埋没する（高畠 2012: 406）。

一九三〇年代のウェーバーの邦訳をめぐっては、海外の学説の紹介、抵抗の偽装、自己保身の利害関心、あるいは動員体制への順応など、さまざまな動機が錯綜している。それらを腑分《ふわ》けすることはなかなか容易ではない。[37] そのためには、本書とは別の場所での、より踏み込んだ歴史研究が必要となる。しかし、今回の研究の主たる目的はここにはない。確認しておきたいのはむしろ、受容のされ方しだいで、Wertfreiheit はさまざまな意味を持ちうるし、実際に持ってきたということである。同様のことは、政治的中立をめぐる今日の議論でも、同じようにくり返されていると考えてよい。

尾高邦雄は『職業としての学問』でなぜ誤訳したのか

すでに述べたように、一九三六年に Wissenschaft als Beruf の翻訳が『職業としての学問』というタイトルで出版された。訳者は社会学者の尾高邦雄であった。尾高はそれ以前の論文では「職業としての科学」というタイトルを使っていたが（尾高 1933: 10）、岩波文庫での邦題としては『職業としての学問』を選択した。そして、周知のように、この書名は今日まで引き継がれている。

ここで尾高は一つの誤訳をしている。もちろん翻訳にはなんらかの誤訳がつきものである。誤訳というよりも解釈の違いに由来する訳し方の違いである場合も少なくない。しかし、ここで彼は明白な誤訳をしている。尾高が高いレベルのドイツ語能力を有していたことは間違いない。ウェーバーの方法論についてもすでに重厚な研究論文を書いているので、関連の知識が不足していたわけでもない。それだけに、この誤訳は目をひく。ここでは『職業としての学問』の誤訳に少しこだわってみたい。この箇所が価値自由の解釈にとって、きわめて重要な箇所だからである。

まずは、その箇所を確認しよう。尾高による訳は以下である。

まことの教師ならば、教壇の上から聴講者に向かってなんらかの立場を――あからさまにしろ暗示的にしろ――強いるようなことのないように用心するであろう。なぜなら、「事実をして語らしめる」というたてまえにとって、このような態度はもとよりもっとも不誠実なものだからである（MWG I/17: 96-97 = 1980: 49）。

この箇所に「事実をして語らしめる」（die Tatsachen sprechen lassen）という表現が出てくる。あなたの個人的な思い込みや願望ではなく、ただ事実だけを述べなさい、という仕方で、学生に研究指導をしている先生がいれば、この訳文にとくに疑問を持つことはないだろう。ウェーバーの価値自由というのは、要するに「事実をして語らしめる」ということだ、と説明している講義を、私も学部の学生のときに聴いた記憶がある。このときこの教授のウェーバー理解は、尾高による翻訳に強く影響を受けていたものと思われる。
しかし、すでに示唆したように、このような理解には問題がある。ウェーバーはくり返し、次のように論じている。

そもそも経験的な学問というものは、誰に対しても何をなすべきかを教えることはできない。その人に何ができるのか、そして事情によっては、その人が何を意欲しているかを教えることができるだけである（MWG I/7: 149 = 1998: 35）。

そうだとすれば、価値にかかわる言明を事実から導出することはできないのではないか。先の箇所のドイツ語の原文を確認しておきたい。

Aber der echte Lehrer wird sich sehr hüten, vom Katheder herunter ihm irgendeine Stellungnahme, sei es ausdrücklich, sei es durch Suggestion – denn das ist natürlich die illoyalste Art, wenn man »die Tatsachen sprechen läßt« – aufzudrängen.

「真の教員ならば〔…〕なんらかの立場を押し付けることを、とても用心深く避けるでしょう」というのがこの文章の核である。これに「事実をして語らしめる」を含む節が付け加えられている。この箇所を私なりに訳せば、「なぜなら、「事実をして語らしめる」とすれば、もちろんこれは〔押し付けの仕方として〕最も不誠実なやり方だからです」となる（MWG I/17: 96-97 = 2018: 60）。

尾高もilloyalを「不誠実」と訳している。ところが彼は、原文にはない「たてまえ」という表現を補って、「事実をして語らしめる」を教師の肯定的な態度として救い出したうえで、教師が教壇上から学生に一定の政治的立場を押し付けることを批判するものとして、この文章を理解し翻訳している。

英訳も確認しておきたい。ハンス・ガースとライト・ミルズによる古い翻訳とハンス・ブルーン（Hans Henrik Bruun, 1943-）による比較的新しい翻訳の二つを挙げておく。

ガースとミルズの英訳

But the true teacher will beware of imposing from platform any political position upon the student, whether it is expressed or suggested. 'To let the facts speak for themselves' is the most unfair way of putting over a political position to the student（Weber 1946: 146）.

ブルーンの英訳

But the genuine teacher will take great care to avoid forcing any sort of opinion on the student from the height of the rostrum, either explicitly or by suggestion (the most dishonest method being, of course, that of "letting the facts speak for themselves") (Weber 2012: 346).

ガースとミルズは「事実をして語らしめる」ことをもっともアンフェア（unfair）であるとし、ブルーンは不誠実（dishonest）と訳している。いくぶんかのニュアンスの違いはあるが、「事実をして語らしめる」は避けるべき、問題のある態度である、と理解する点では、二つの英訳に違いはない。もちろん、尾高が挿入した「たてまえ」やそれに類する表現は、いずれの英訳にも入っていないし、入る余地はない。

以上から考えて、尾高邦雄によるこの箇所の訳文はやはり誤訳であるといえる。[38] ただ、問題はその先にある。

あくまで一般論ではあるが、ある本の翻訳をするとき、訳者は一つ一つの文章を日本語に置き換える作業をくり返し、その作業が終わると、全体の文章を整える。訳語の表記を統一し、文の流れを調整する。全体を通して検討すると、個々の文章を訳していたときには気づかなかったブレや不整合なところがみつかる。場合によっては、日本語の文章としてどうも意味が通らない箇所が出てくる。そういうときは原文と突き合わせて、その近辺をもう一度念入りにチエックし、意味が通じるように訳文を修正する。おそらく翻訳をする人は多かれ少なかれ、このような作業をしている。この工程をくり返すことで、ある程度まで翻訳の精度を引き上げることができる。ところが、読み返してもとくに違和感を持たないところでミスをしていると、これをみつけるのはかなり大変である。最後に全体を通して確認しても、気づかないときは気づかない。多くの誤訳は、訳者が自明だと思っている、その足元で生まれる。

尾高が「事実をして語らしめる」という箇所に「たてまえ」という語句を挿入し、かなり無理をしてこの表現を肯定的な意味に転換したのには、「事実をして語らしめる」というスタンスに肯定的な場所を用意しておきたい、という彼なりの学問の理解があったはずである。彼が『職業としての学問』を翻訳したとき、価値自由の理念によって戦時体制に抵抗するという動機をどのくらい持っていたのかはわからない。しかし、イデオロギー的な議論が罷《まか》り通り、事実を基礎にした議論ができないという危機意識を彼が持っていたとしたら、そして事実を基礎にした議論をすれば非合理な戦争遂行を抑制できると彼が信じていたとすれば、「事実をして語らしめる」というフレーズに最大限の強調点を置いたとしても、まったく不思議ではない。右の誤訳は、このような彼の強い確信の結果だったのではないか。これが私の仮説である。

一九八〇年の岩波文庫の改訳のときにも、尾高には訳文に修正を加える機会があった。しかしこのときも、彼は、基本的な点では、この箇所には手を付けなかった。「建前」を「たてまえ」とひらがなにしただけであった。戦前にいち早くウェーバーの翻訳を手がけたとはいえ、改訳のときにはすでに尾高は、ウェーバー研究から離れていた。彼はウェーバーに示唆を受けながら「職業」に注目し、独自の「職業社会学」を展開していた。しかしこの時期には、方法論的な問題への彼の関心は薄れていたのかもしれない。そうであれば、改訂作業でこの箇所の誤訳を見落としたとしても、ある意味では当然である。

しかしながら、この説明にも難がある。この改訳の五年ほど前に、尾高は『世界の名著』のウェーバーの巻の編者として九〇ページ近い解説を書いている。その解説文の実質的に最後の部分には「価値判断排除」という小見出しの文章が置かれている。おそらく彼にとってもっとも思い入れのあるテーマだったので、価値自由をめぐる記述で解説を締め括ったのではないか、と私は推測している。

彼はここで「その事実認識のなかに、特定の世界観的立場からする評価、とくになんらかの倫理的政治的価値判断を混入させないように注意すること」がウェーバーの理論的な主張であると述べる（尾高 1975: 78）。そして「教室における学者は〔…〕教師として、客観的な情報を与え、方法の客観的効果を論じ、冷厳な真理を語ることを使命とするものであって、講壇の上から特定の世界観を宣伝し、予言をおこない、是非善悪の価値判断を学生に強要すべきではない。それをすることは、教師に期待されている「知的廉直」の道義に反するものである」と書いている（尾高 1975: 79）。

事実と価値を分けること、事実判断に価値判断が混入しないようにすること、教師は教室で学生に自分の価値観を押し付けないこと、これらはウェーバーの価値自由の説明として、いずれも正しいといえるだろう。ここで注目すべきなのは、「事実をして語らしめる」という態度こそがウェーバーの立場だ、という理解が、尾高の解釈枠組みのなかで、これらの説明と矛盾することなく共存できている、ということである。価値やイデオロギーによって事実が汚染され、歪められることに対して、尾高は危機感を持っていた。しかし、事実の名のもとで、ある特定の価値やイデオロギーが押し付けられることに対しては、彼の警戒感は弱かった。イデオロギーに対して事実で対抗しようとすればするほど、事実がイデオロギー的に濫用される危険性がみえなくなる。一九三〇年代の状況への抵抗の論理として価値自由を理解しようとした彼と彼の世代の経験が、尾高の誤訳を生み出した。

アーレントと「事実の真理」

第2章で、社会政策学会での生産性をめぐる議論を検討した。生産性という基準を立て、この一つの基準を自然化する議論に対してウェーバーは激しく反応した。彼が反対したのは、重要な理想や理念が生産性という基準に平準化され、忘却されることに対してであった。私たちの社会にはさまざまな理想や理念、あるいは価値がある。それら複数の価値が存在するという事実の重みを軽視することに、ウェーバーはつねに反対した。「事実をして語らしめる」という姿勢に彼が否定的なのも、同じ理由からである。生産性という観点で語られた事実がすべてではない。事実は生産性とは異なる観点で語ることができる。人間の自由は、目の前の事実とは異なる可能性を構想すること、つまり事実に抗して思考することにこそある。私たちは事実という「檻」に閉じ込められているわけではない。二〇一一年の原発事故発生後も、日本は原発を使い続けている。これは事実である。しかし、近い将来、エネルギー政策を変える可能性は現在の私たちのもとにある。人は過去の事実に縛られつつ、未来の事実を作り出す存在である。

もちろん事実が重要でないということではない。事実をしっかりと確認し、報道することは、メディアの重要な機能である。政治家のスピーチには、故意かそうでないかはともかくとして、しばしば事実誤認や行き過ぎた誇張が含まれる。そのスピーチの内容を垂れ流さずに、「ファクト・チェック」することは、メディアが担うべき重要な仕事であろう。それをしなければ、事実とはかけ離れた妄想がどんどん一人歩きをしていく。

ペンタゴン・ペーパーズ（国防総省秘密報告書）についての考察で、ハンナ・アーレントはdefactualizationという特徴的な用語を使っている。アーレントの著作を数多く翻訳している山田正行（一九五七〜）は、この語を「都合が悪い事実を遠ざける」と訳している（Arendt 1972: 20, 21, 35, 36, 41, 42, 44 = 2024: 22, 38, 44, 46-47, 48）。アーレントのドイツ語訳では、カッコ付きでEntwicklung（〔事実から遊離した〕発展・展開）という訳語が使われることが多い。これに対して、「都合が悪い事実」（MWG I/17: 98 = 2018: 64）というウェーバー的な表現をあえて付加した山田のワード・チョイスは、挑戦的であるとともに、きわめて説得的である。

主観的な思いや、自分に都合のよい解釈に歯止めをかけ、反省的な思考を促すためには、政治的意図と事実を区別すること、そして「都合が悪い事実」と直面する機会を確保することが不可欠である。自分が嘘をついていることを忘れるほど、嘘の世界に生きている人は、しばしば「都合が悪い事実」を破壊しようとする。

とりわけ戦争プロパガンダによって、公然と事実の捏造が行われつつある時代にあって、そしてＡＩによって簡単に虚偽の画像が生み出せてしまう時代にあって、公共的な議論の基礎としての「事実の真理」（factual truth）を守るという課題に、私たちは真剣に向き合わなければならなくなっている。アーレントは次のように書いている。

事実に関する情報が保証されず事実そのものが争われるようになるならば、意見の自由など茶番である（Arendt 2006: 234 = 2024: 72）。

ナチズムの全体主義を経験したアーレントは、事実の脆弱《ぜいじゃく》さをよく知っていた。彼女が目にした光景は、それ以前の時代の人であるウェーバーが知り得ないものだった。もちろん彼は第一次世界大戦を経験していたので、戦争ジャーナリズムの影響力の大きさを知っていた。イギリスの「資本主義的な新聞王」で、戦争中にドイツに敵対的な世論をリードしたノースクリフ卿(Baron Northcliffe, 1865-1922)にも、ウェーバーは関心を寄せていた(MWG I/17: 193 = 2018: 140)。しかしそれでも、組織的に事実が捏造されるということについては、彼はそこまでの警戒心を持ってはいなかったようにみえる。彼は「まだ歴史を書き換える術などにはなじみのなかった」時代の人だった(Arendt 2006: 245 = 2024: 91)。捏造された事実が一つのオピニオンとして流通するという恐ろしい事態は、彼の時代のものではなかった。

しかしながら、以上のことを確認したうえでのことではあるが、事実を集めれば、それから自動的にどうするべきかが導き出されるわけではない、というウェーバーの主張は、それでも覆されるわけではない。事実はある観点から拾い上げられ、濃淡を付けられ、一定の説明図式のなかで意味を持たされる。異なる観点から事実に基づいた議論がなされるならば、同じ事実はかなり異なる意味を付与される可能性がある。そして異なる事実が浮上してくることもある。アーレントもいうように、「リアリティは、事実や出来事のすべてを集めた全体〔…〕ではなく、それ以上のものである」(Arendt 2006: 257 = 2024: 110)。

ウェーバーは世界の構成の複数性を重くみている。彼の価値自由論のこうした側面は、「イデオロギーか事実か」という二項対立では見失われる。尾高によるウェーバー理解には、この二項対立図式が強く作用している。そしてこれは、もちろん尾高だけの問題ではない。

価値討議のポテンシャリティ

ウェーバーのように価値の相剋《そうこく》を認めると、ポジション・トークの悪夢に陥らないか。この危惧については、すでに第2章で言及した。マンハイムはこれに対して自由に浮動する知識人による媒介と総合の可能性を模索した。これとはかなり異なるが、ウェーバーもポジション・トークの言い合いとでもいえる状況に対応する議論を展開していないわけではない。もう一度「価値自由」論文に戻って、この点を検討してみたい。キーワードになるのは「価値討議」(Wertdiskussion) である。[39]

たしかに、ウェーバーは価値の対立を強調し、学問によって何を「すべき」かを論じることはできないという。そして最終的には個々人の決断の問題だとして、学問による一義的な価値判断を許さない。この結果、すべては個人の主観的で、無根拠な決断の問題になる。ある人の決断は、それが別の人からみていかに愚かで非合理でも、尊重されなければならない。ウェーバーの議論はほぼこのような地点に向かっていく。しかし、彼はある種の実存主義者のように、この地点で開き直るわけではない。限定的ではあるにせよ、まだ学問にできることがあるという。

すでに述べたように、ウェーバーは価値という用語を使い、その対立について語る。そうすると、Aという価値に立脚する立場とBという価値に立脚する立場は相いれず、相互に泥沼的なポジション・トークを展開するという光景が目に浮かんでくる。しかしながら、私たちの多くはそれほどはっきりと、自分はAという価値を信奉しているという自己理解を持っているわけではない。少なくとも最初から、ある特定の価値を信奉しているわけではない。別の言い方をすれば、私たちはそれぞれの状況で、異なる見方をする誰かと遭遇することで、その都度、違いとその理由を認識する。そしてそうしたプロセスのなかで、自分のオピニオンを形成していく。自分は自分のことを実はそれほどよく知っているわけではない。ウェーバーも次のように書いている。

論争相手の意見についてのみならず、自分自身の意見についてさえも、ひとはほんとうによく思い違いをする（MWG I/12: 473 = 1972: 65）。

他者との出会いを通じて、自分が今このときに考えていることについて反省的に考える。こうした経験なしには、私たちは自分の考えを認識することができない。Aという価値とBという価値が最初から存在するわけではない。一定の議論と反省のプロセスの結果として、価値はその輪郭を現す。

ウェーバーはこのような議論のプロセスのことを「価値討議」と呼んでいる。彼の表現を引用すると、「相互に対立する本当の評価的な立場を探求して確定すること」が価値討議である(MWG I/12: 465 = 1972: 50)。彼は次のように説明している。

価値討議の実際の意味とは〔…〕相手(あるいは自分自身も)が本当に考えているもの、すなわち、双方のそれぞれにとって、見かけ上だけでなく本当に重要な価値を把握し、そしてそうすることで、この価値に対して一つの態度をとることをとにかくまず可能にすることである。経験的な議論における「価値自由」(Wertfreiheit)の要求という観点からして、評価についての討議(Diskussionen von Wertungen)は不毛であったり、ましてや無意味であったりすることはない。まさにこうした評価の意味を認識することこそが、この種のあらゆる有益な議論の前提条件なのである(MWG I/12: 465 = 1972: 50)。

ここで価値討議は「評価についての討議」と言い換えられている。いずれの場合もウェーバーが重視しているのは「一致しえないのは何ゆえであり、何についてであるかについての認識」である(MWG I/12: 465 = 1972: 51)。このような価値についての認識は、何もしなくても、つまり議論する前から明らかなわけではない。価値についての認識は討論の当事者によってお互いに、探り当てられるべきものである。何を目指しているのか。その実現のためにはどのような手段が必要なのか。それを使うことの効果と副次的な結果は何か。私たちの意見の違いはいろいろなレベルで生じうる。そして同時に、いろいろな局面で、自分にとって自明であった見方が修正や訂正を必要とすることに気づく。

地震や戦争など、もしもの場合に備えて憲法に緊急事態条項を入れることに賛成だった人が、このような価値討議のプロセスを経ることで、チェックを受けない権力の暴走の危険性に気づいて、緊急事態条項に反対するようになるかもしれない。あるいは反対に、もともと憲法改正には慎重な立場だった人が、討議をしているなかで、憲法体制を守るためにこそ、一時的で例外的な独裁が必要だと思うようになるかもしれない。価値をめぐる対立について、学問は一義的な解を与えることはできない。しかし、決断の手前のところで、あるいは決断へと至る過程の重要なところで、貢献できることが学問にはある。別の言い方をすれば、こうした学問の意味が存在しないかのようにして語られる決断は空虚である。

ハイデルベルクのウェーバー研究者のヴォルフガング・シュルフター（Wolfgang Schluchter, 1938-）は次のように述べている。

> 価値討議は価値のコンフリクトを解決しない。それは宥和《ゆうわ》の制度ではない。しかしそれは、神々の闘争が合理的なフレームの中で行われることを可能にする（Schluchter 1996: 254）。

学問は価値の対立に決着をつけることはできない。その意味では、学問ができることには限界がある。しかしながら、不可避的に対立の可能性を含んだ社会にあって、粗野ではない論争を継続し、そうすることで論争の文化を形成していくことには大きな意味がある。この点で、価値討議の果たすべき役割は小さくない。

ウェーバーは対立ないし闘技（アゴーン）の理論家であり、突き詰めていくと、やはり討議ないし熟議の理論とは相いれないところが出てくる。しかし、対立・抗争の不可避性を認めつつ、価値討議の可能性を探るウェーバーの議論は、アゴーンの契機を組み込んだ熟議モデルに接近しているともいえる。フランクフルト大学の哲学者ライナー・フォアスト（Rainer Forst, 1964-）は次のように書いている。

しかし、熟議プロセスにとって少なくとも必要なのは、合理的で開かれた、フェアな仕方で、市民が自分の理由や他人の理由を理解し、よく考えることである。プロセスが熟議的（deliberativ）であるためには、全員が同じ理由を確信している必要はないが、相互性と一般性という基準を尊重し、容認できない理由を選び出して捨てる必要がある。したがって、熟議の主要な機能は、討議を通じて（diskursiv）特定の主張や論拠の信用を落とすというネガティヴな機能である。言い添えておくと、民主主義の熟議モデルに「アゴーン」〔闘技〕的な性格を認めないというのは誤りである（Forst 2007: 254-255）。

ウェーバーは、フォアストがするように「相互性と一般性」などの討議の基準について論じているわけではない。討議倫理の研究者がいまさらウェーバーの価値討議から学ぶことは多くはないかもしれない。それでも、彼の価値討議は、価値自由をめぐる考察にとっては特別に重要な意味を持つ。重要なのは、価値討議は価値自由、ないし政治的中立の範疇《はんちゅう》に含めることができるという点である。

本書の「はじめに」でも述べたように、政治的中立をめぐる理解の混乱が広がっている。テレビの討論番組などで政治的なトピックが取り上げられると、政治的中立や政治的公正を引き合いに出す形で、クレームが寄せられる。では、このときの政治的中立とはどういうことか。これが本書の考察の端緒であった。

おそらくいちばんよくない対処法は、クレーム対応が面倒なので、政治的な議論や党派的な話題には極力触れないというものだろう。そして実際に、近年の選挙前のテレビなどの報道はこれに近づいている。対立する意見を突き合わせて、論点整理をしていこうとすると、司会者はどこどこの政党寄りだという印象が生まれ、それがクレームにつながる。しかし、このリスクを回避しようとすればするほど、政治報道は脱政治化し、現状保守的になり、そして無内容になる。

価値自由の範囲内でできること

ウェーバーの価値自由に価値討議までを含めると、話はずいぶん変わってくる。対立する見解が依拠しているそれぞれの論拠を確認し、どこで各党・各政治家の意見が分かれるのかを検討し、その意味について考えていく作業はvalue-freeの範囲内であり、その意味で政治的中立を損なうものではないということになるからである。

争点を検討する議論によって、特定の党派の主張の信用が下がる可能性はある。意味のある討論がなされれば、当然そういうことが起こる。しかし、そうなったとしても、それは政治的中立の原則からの逸脱ではなく、あくまでその範囲内での出来事とみなすことができるし、そうみなすべきである。ウェーバーの理解によれば、価値討議は価値自由に反するものではなく、その一部である。

価値討議による相互の論拠の検討のプロセスで、自分たちの党派への支持が下がった場合にすべきことは、「政治的中立を損なっている」とメディアに文句をつけることではなく、自分たちの論拠の弱さを再考し、ポジションを修正することだろう。政党間の競合がよく機能するためには、各党は適宜、ポジションを修正し、相互に政策をバージョン・アップしていく必要がある。ところが、政治的中立という言葉を濫用して議論を封じてしまうと、建設的なポジションの修正ができなくなってしまう。

候補者や政党に、均等に時間配分をし、一方的に主張したいことを主張させて終わりにすれば、政治的中立という規範を損なっている、という批判は受けなくて済むだろう。しかしそれでは、対立する見解を突き合わせ、論点を整理し、何を選ぶべきかを考える機会と可能性が有権者から奪われてしまう。ウェーバーによれば、この作業は十分に価値自由の圏内にあり、価値判断の押し付けではない。

学問の課題はただ事実を羅列することではないし、事実に「語らせる」という形である特定の価値を押し付けることでもない。学問にできることには、対立する見解を突き合わせ、論拠を相互に検討し、自分の立場を探り当て、それぞれの立場にとって「都合が悪い事実」を突きつけ合うことが含まれる（MWG I/17: 98 = 2018: 64）。価値討議は、価値自由的な意味での中立的な討議の構成的な一部である。相互批判的な検討の結果として、ある党派の主張が信用を落とすことがあったら、それは私たちの政治的コミュニケーションの誇るべき成果とみなすべきであろう。討議で劣勢に立たされたからといって、政治的中立を持ち出してそれを非難するのは筋違いである。

【注】

29 ワイマールからナチズムへの流れのなかで、ドイツ国内でウェーバーの価値自由が積極的に論じられることはほとんどなかった。これに対してイギリスでは、経済学者のライオネル・ロビンズ(Lionel Robbins, 1898-1984)が、経済学と倫理学を区別する論理として、ウェーバーの価値自由を参照している(Robbins 1935 = 1957)。経済学と倫理学の関係は、のちにインドの経済学者アマルティア・セン(Amartya Sen, 1933-)らによってあらためて問い直されることになる(Putnam 2002=2006)。経済学の分野の論争は、価値自由の受容史研究にとってきわめて重要である。しかしここでは詳しく論じることはできない。

30 今日では逆に、全体性・本来性が問われることは少ない。したがって、こうした視点の欠如が問題にされることもない。評価は逆転している。例えば、ハーバーマスにとってウェーバーの理論が意味を持つのは、むしろ機能分化の傾向を踏まえたうえで、近代社会の総体を論じているからである(Habermas 1981 = 2000; 1995: 66)。

31 もちろんワイマール期からナチズム支配の時期にかけて、ドイツ語圏でウェーバーへの言及がまったくなくなったわけではない。例えば、ウェーバーの理論からナチズムへの橋渡しをしたと評価されることが多い、クリストフ・シュテーディンク(Christoph Steding, 1903-1938)の研究がある(Steding 1932; Radkau 2005: 847-848)。しかし全体としては、この時期の研究で価値自由がテーマ化されることはほとんどなかったし、そうする動機も希薄であった。

32 アルフレート・ウェーバーとカール・マンハイムについては(Loader 2012: 146-152)を参照。

33 フライアーを中心とする、いわゆるライプツィヒ学派では、ナチズムの時代も社会学の研究が継続された。ただしもちろん、社会学とはいっても、この学派の社会学はアメリカに亡命した知識人たちのそれとは別の展開をみせた（Üner 2006）。

34 亡命を余儀なくされたマンハイムがナチズムの被害者であることはいうまでもない。しかし同時に、彼の知識社会学が依拠する相対主義はニヒリズムにつながるものであり、これがファシズムを助長した、という解釈がなされることも少なくない（König 1981: 135-136）。しかしもちろん、マンハイムを評価する際には、彼の思想を「相対主義」「ニヒリズム」と認定する側がどのような規範的な前提で、その認定をしているのかという点も同時に検討しなければならない。相対主義というレッテルが貼られた事実があるとしても、この評価を受け入れなければならないわけではない。しかし、この点については、本書ではこれ以上は立ち入らない。

35 ウェーバーの著作の英訳については、社会学者・政治学者のローレンス・スカッフ（Lawrence A. Scaff, 1942-）が文献リストを作成している（Scaff 2011: 202）。

36 尾高はこの論文について、のちに次のように述べている。「有名なウェーバーの社会科学的認識のウェルトフライハイトに関する原則を批判したこの論文は、自分の好きなものをことさらクサし、自分の尊敬する人物をあえて批判するという、野心的な青年にありがちな客気のいたすところであったと思う」（尾高 1975: 9）。

37 ウェーバーと同世代のドイツ表現主義のエミール・ノルデ（Emil Nolde, 1867-1956）は、ナチズム支配下で「退廃芸術」と認定され、迫害された画家として知られてきた。彼の作品は、歴代の首相の執務室にも飾られてきた。しかし近年の研究によって、彼の反ユダヤ主義的な信条やナチズムとの近さが明らかにされている（Fulda et. al. 2019）。ここでも論点の整理は容易ではない。少なくともナチか反ナチかという二分法で論じることはできない。

38 「事実をして語らしめる」という一節を基本的に肯定的に、そしてウェーバー自身の立場として理

39　解することは、近年の他の邦訳でも引き継がれている。三浦展による訳は以下である。「ですから、本当の教員なら、教壇の上から聴講者に向かってなんらかの立場を押しつけることがないように用心するでしょう。明示的にであれ、暗示的にであれ、そういう押しつけをすることは、言うまでもなく、「事実をして語らしめる」べき学問の原則に忠実ではないからです」(MWG I/17: 96-97 = 2009a: 64)。中山元も、次のように訳している。「そして真の教師であれば、明確に表現するか暗黙的に表現するかを問わず、教壇から自分の見解を押しつけるようなことは避けるでしょう。「事実《ザッヘ〔ママ〕》をして語らしめ」るためにも、このような態度をとることが不誠実なものであるのは、明らかだからです」(MWG I/17: 96-97 = 2009b: 212)。
「価値自由」論文の訳者の木本幸造は「価値議論」と訳しているが、ここでは内容にかんがみて「価値討議」と訳しておく。価値討議については(矢野 2003: 141-161)を参照。

第4章　エートス論としての価値自由

——安藤英治の「あとがき」

没価値か価値自由か

生成ＡＩが急速に普及している。ＡＩチャットに質問を投げ入れると、とても自然な言葉で、それらしい答えが返ってくる。レポート形式の課題を今後どうするかなどについて、頭を悩ませている、あるいはすでにいろいろ知恵を絞っている教員も少なくないだろう。ＡＩによる答えは、フラットで、ニュートラルな形で提供される。もちろん、それが専門家からみてどれほど正確なのかは別問題である。それでも、ＡＩによる「客観的」な答え方の様式はそれ自体検討する価値があるように思える。このような時代にあって、ウェーバーのWertfreiheitはどのように論じられ、それにはどのような訳語を当てるべきであろうか。

これまでWertfreiheitの日本語の訳語としては、主として「没価値」ないし「価値自由」が使われてきた。漢字のわかりやすさから考えるならば、「没価値」になるだろうか。例えば、ウェーバーについても多くの著作を書いている経済学者の出口勇蔵（一九〇九～二〇〇三）は、基本的に「没価値性」と訳していた（出口1943）。これならウェーバーのことをまったく知らない中学生でも意味を推測することができる。これに対して「価値自由」の場合には、一定の知識なしにこの漢字だけから意味をとるのがいくぶん難しくなる。それでも、単純な価値判断の排除と価値自由は異なるという点を明確にするために、日本では安藤英治の研究以来、基本的に「価値自由」が使われることが多くなり、今日に至っている。[40] そして本書でもこれを踏襲している。

ところが近年、価値自由という訳語とその理解をめぐって、あらためて問題提起がなされている。社会学者の坂敏宏（一九七三〜）はウェーバーのテクストにwertfreiが出てくる三〇箇所すべてを検討し、そのうえで次のような結論を出している。「以上のように、Weberは一貫して，価値自由，を価値がかかわる対象をその価値を排除してあつかうことととらえ」ている（坂 2014: 276）。もしこの結論が正しければ、わざわざ「価値自由」という訳語を用いる必要はない。「没価値」ないし「価値判断排除」のほうがわかりやすく、かつより適切ということになる。

たしかに、ウェーバーの方法論関係の著作ではなく、『経済と社会』の「支配」についての章（いわゆる「支配の社会学」[41]）などでの用法をみると、wertfreiは「価値判断を抜きにして」くらいの意味であり、わざわざ「価値自由」といわなくてもよいのではないかと思えてくる。例えば、次のような一節である。

このとき「カリスマ」という概念は、完全に「価値〔から〕自由」（wertfrei）に用いられている。〔…〕シャーマン〔呪術職能者〕のエクスタシーはてんかんの体質と結びついている。この体質を保有し、また証明することがカリスマの資格となる。どちらも私たちの感覚では「高尚」なものではない。例えばモルモン教徒の聖典のような「啓示」と同じで、少なくともおそらく評価する立場からすると、見えすいた「ペテン」といわざるをえないだろう。しかし〔価値自由的な〕社会学はそれについては問わない。モルモン教の教祖も、先に述べた「英雄」や「魔術師」も、支持者の信仰においては、〔その人に〕カリスマがあることは証明済みである（MWG I/22-4: 460-461 ＝ 2024: II 22-23）[42]。

「ほんもののカリスマ」と「似非《えせ》カリスマ」というように、ほんものと偽物を分けて論じることがある。あの人には本当はカリスマなんかないのに、周囲が嘘とプロパガンダでその人にカリスマ性があるかのように捏造しているだけだ、というような言い方がなされることもある。このとき、観察者はなんらかの基準でほんものと偽物の区別をしている。しかし、この基準は誰にでも説得可能な仕方で正当化できるものではない。カリスマかどうかをめぐる価値判断の相違が当然のことながら出てくる。

ウェーバーはカリスマという用語を使うが、そのときの基準はあくまで信者、つまりフォロワーがその人のことをカリスマとして承認しているかどうかである。観察者がどんなに「見えすいた「ペテン」」だと思っていたとしても、フォロワーがある人をカリスマとみなしているという事実があるならば、そこに観察者である自分の価値判断を入れないというのが、この文脈での wertfrei の意味である。
この場合であれば、わざわざ価値自由というわかりにくい表現にしなくてもよいかもしれない。「没価値」ないし「価値中立」でも、それほど大きな問題を引き起こすことはなさそうである。そして、ウェーバーの議論を離れて、ウェーバーとはまったく関係のない文章で wertfrei という言葉が使われているときにはなおさら、「没価値」ないし「価値判断排除」という程度の訳し方のほうが日本語として自然であることが多い。この問題をテーマにした論文「Wertfrei は「価値自由」か」で、ドイツ政治史研究者の今野元（一九七三〜）は「wertfrei という単語が、ドイツ語圏のドイツ語辞典とは正反対の意味で、日本では解釈され定説化するという事態が起きている」と指摘し（今野 2021: 128）、次のように述べている。

ヴェーバー以外の人物の文章における wertfrei まで、自動的に「価値自由」と訳すというのは言語道断である。〔…〕「自動車、飛行機、拡声器はそれ自体としてはヴェーバー的な意味で「価値自由」だ」などというような邦訳が、今後は行われないことに期待したい（今野 2021: 145）。

これにはかなりの説得力がある。では、安藤はなぜ没価値ではダメだと考えたのか。簡単にいえば、没価値という表現を使うと、なんらかの対象を研究する研究者がなにも価値理念を持っていない、あるいはなんらかの価値理念を持ってはいてもそれをゼロにできるという理解につながりやすいからである。科学者であれば、こうした学問理解はむしろ常識的で、当然のものであるように思われるかもしれない。ところが安藤英治はこうした理解を批判し、これを全力で阻止しようとした。

本書のテーマに引きつければ、ここでいう「没価値」というのは、私たちが日常的に使う「中立」に近い。AとBという二つの意見が対立しているときに、このどちらにも立たずにフラットな視点でこれを観察し、記述するのが社会科学の仕事だと考えている人は、「没価値」という表現を好むのではないか。少なくとも、このように社会科学を理解している人が、「没価値」という表現を用いることにとくに問題を感じる理由はない。これに対して安藤は、ウェーバーの価値自由をそのように解釈することに猛烈に反対した。

安藤英治。出典＝『成蹊大学経済学部論集』第18巻第1・2号合併号、1988年2月

〝ヴェルト・フライハイト〟とは、価値理念や価値判断をできるだけ鮮明に（とりわけ自分自身に対して鮮明に）させることによってそれを自覚的に自己統制することを意味する（安藤 1968: 89）。

安藤はこのように述べる。研究者が主体として価値とどう向き合うかが、安藤にとって重大な問題関心であった。自分の価値理念を自覚化することのない主体は容易に周囲の空気に流される。あるいは上司の命令に従順に従う。それらを疑い、別の見方や可能性について考える余地がない。没価値的な学問はこのような主体のあり方と結びつきやすい。コミットメントのない従順さと没価値的な学問は相互に親和的である。こうした事態を拒絶するために、安藤は価値自由への訳語の変更を主張した。

とはいえ、今野も指摘するように、ウェーバーとはまったく関係のない、日常的なドイツ語の文章に出てくるwertfreiもすべて「価値自由」と訳さなければならないかというと、それについてはかなり疑問である。この点では争う余地はほとんどない。それでも、なぜ安藤が価値自由という訳語にこだわり、没価値をしりぞけたのか、そしてなぜこの提案が一九六〇年代の日本でそれなりに受け入れられたのかという点については、もう一歩踏み込んで考察する必要がある。

エートス論の日本的展開

このとき、考察のキーワードになるのがエートスである。安藤はその主著『マックス・ウェーバー研究』に「エートス問題としての方法論研究」というサブタイトルを付けた（安藤

1968）。彼は学問論の価値自由を、宗教社会学の用語であるエートスと結びつけて論じる。

一定以上の年齢の人にはエートスという言葉の説明は不要かもしれない。アカデミズムの世界だけでなく、一般の議論でも、かつてこの言葉はそれなりに広く使われていたからである。これに対して比較的若い読者にとっては、この言葉はあまり馴染みがなくなっているのではないかと思う。

エートスは「住み慣れた場所」を意味するギリシア語のἦθοςに由来し、「習慣」や「性格」を指す言葉である。もちろんエートスは倫理（ethics）の関連語でもある。しかし、両者には違いもある。倫理ないし倫理学は、思考によってある程度まで整合的に考えられた理論のことである。これに対してエートスは、そうした理論とゆるやかに結びつきつつ、ある時代のある社会集団に共有され、彼らの行為を導くような、習慣化された倫理的態度を指す。エートスはラテン語のモーレス（mores）に対応する。いずれにしても集団的な規範意識のことである。

安藤はかなり強めにウェーバーのエートス概念を解釈したうえで、自身のウェーバー研究は「エートス研究」である、と何度も述べている。安藤による価値自由の理解も、基本的にこの枠組みでなされている。したがって本章で検討すべきは、エートスと価値自由の関連ということになる。[43]

専門家ではない、一般の人と話をしていて、私がマックス・ウェーバーの研究をしていると話すと、「エートス論のウェーバーですね」と応答されたことが何度かある。しかし、少しウエーバーの受容史を研究してみればわかることであるが、エートス概念に注目してウェーバーを論じるのは、とりわけ日本語圏に特有の傾向である。もちろん、ウェーバーのプロテスタンティズム研究や宗教社会学の研究で、エートスの概念が出てこないということではない。この点については、議論の余地はない。注意が必要なのは、日本以外でのウェーバー研究では、エートスはそこまで重要視されてはいないという点である。

日本のウェーバー研究がエートスに注いできた関心の大きさは、ドイツと日本の事典を比較するとよくわかる。例えば、『岩波哲学・思想事典』の「エートス」の項目は、ウェーバーを中心にして構成されている（中野 1998: 159）。この項目がウェーバーの専門家である社会学者の中野敏男（一九五〇〜）によって執筆されていることは、もちろん無視できない。しかし、これは属人的な問題ではおそらくはない。日本語で書かれた、その他の事典や用語集の場合でも、エートスの説明をするのにウェーバーが登場しないということはまずない。実際にいくつかの用語集などを確認してみたが、そのすべてでウェーバーへの言及があった。

これに対してドイツ語の事典では、事情が異なっている。ヨアヒム・リッター編の『歴史的哲学事典』の「エートス」の項目には、かなりの情報が盛り込まれているが、ウェーバーの名前は一度も出てこない（Reiner 1972: 812-815）。

同様のことは、ウィキペディアのエートスの項目でも確認することができる。日本語版ではアリストテレス（Aristotelēs, 384-322 BC）とともにウェーバーへの言及がある（Wikipedia

2023a)。これに対して、ドイツ語版（Wikipedia 2023b）、そして英語版（Wikipedia 2024）では、エートスの説明でウェーバーの名前は一度も出てこない。ドイツ語版でも英語版でも、完全にウェーバーを抜きにして、エートスという概念が論じられている。

日本でエートスがウェーバー研究の絶対的なキーワードになったのには、もちろん理由がある。ヨーロッパでウェーバーのテクストを読む人は読み飛ばしがちであるが、非ヨーロッパの読者にとってはそうはできない記述がある。ここで焦点になるのは、次のような一節である。ウェーバーは、「時は金なり」という格言で知られるベンジャミン・フランクリン（Benjamin Franklin, 1706-1790）の「精神」が、それ以前の商人のそれとは異なると指摘したうえで、こう述べる。

「資本主義」は中国にも、インドにも、バビロンにも、また古代にも中世にも存在した。しかし、後に見るように、そうした「資本主義」にはいま述べたような独自のエートスが欠けていたのだ（MWG I/18: 157 = 1989: 45)。

西欧の近代社会には存在した精神的なものが非西欧の日本には欠如しているのではないか。そしてこの欠如が、日本社会が抱える諸問題に切り込むための鍵なのではないか。経済史の大塚久雄の関心はこうした欠如に向けられた。

江戸の元禄時代にはすでに高度な資本主義経済が発展していたという説を、大塚はしりぞけた。当時の商業活動は政治に依存し、それに寄生した経済であり、これはウェーバーが描いた禁欲的プロテスタンティズムによって実践されていた資本主義の経営とは区別されるべきだ、というのが大塚の基本的な認識であった。また彼はエートスを「人間的基礎」と言い換えつつ、戦後の日本の民主化にはそうした「人間的な基礎」が不可欠だ、と論じた。フェアな競争を基礎にした堅実な資本主義も、そして民主主義も、それを支えるエートスがあってこそ成り立つ、と彼は考えた。

『プロテスタンティズムの倫理と資本主義の精神』の訳者でもある大塚が、この著作で最も重視したのが、エートスであった。しかし、ウェーバーのテクストに出てくるエートスは、かならずしも禁欲的プロテスタンティズムに限定されて用いられているわけではない。例えば、ウェーバーは講演「仕事としての政治」で、「政治のエートス」という表現を用いている。この用例は、禁欲的プロテスタンティズムとは基本的にまったく関係がない（MWG I/17: 230 = 2018: 184-185）。それでも、大塚の読み方の影響は大きかった。この影響は、すでに述べたように、日独の事典の記述の違いにも及んでいる。

こうして大塚久雄は、エートス概念にそれこそ全重心をかけてウェーバーのプロテスタンティズム研究を読んだ。彼の研究がウェーバーの解釈として正しいかどうかについては論争がありうる。しかし、正しいか正しくないかという二者択一で問いを立てることには、この場合、あまり意味がないと思う。とにかく大塚はそのようにウェーバーのテクストを読んだ。そしてその読みに影響を受ける人が少なからずおり、それが日本のウェーバー研究の一つの道筋となった。ガラパゴス的といえるかもしれないが、いずれにしても日本での研究の展開は事実としてそういうものであった。

人がものを考え、文章を書き、影響を受けたり与えたりすることで、事実は作られていく。事実は人間の主体とは無関係な何かではなく、感じ・考える人間によって生み出される。英語の fact という言葉はラテン語の factum に由来している。これは、動詞 facere（作る・行う）の過去分詞形である。ドイツ語の Tatsache（事実）も、行為を意味する Tat とモノないし事柄を意味する Sache が結びついてできている。この場合にも、人が行為することと、事実は不可分に結びついている。

エートスに注目する、大塚以降の日本のウェーバー受容は、こうした意味での事実に属する。もちろん、大塚のウェーバー解釈の妥当性を問う研究があってもよいし、当然それは行われるべきであろう。しかし、彼のウェーバー研究を正しいか正しくないかの二者択一に押し込めなければならないわけではない。少なくとも受容史研究というフィールドでは、そうした二択に縛られる必要はない。

本書のテーマである中立に引き寄せて定式化すると、ウェーバーのプロテスタンティズム研究を中立的に読むというのはいかなることか、という問題でもある。日本でもどこでもかまわないが、なにも偏りのない中立的な視点から本を読むということは、そもそも可能なのだろうか。大塚の読み方には独特の偏りがある。それはドイツの研究などと比べることで、浮かび上がる。別の言い方をすれば、そうした別のあり方との比較の視点がなければ、ズレや偏りは認識できない。しかも、ドイツの研究にはなんら偏りはないのかといえば、そういうことではない。そこにはヨーロッパのバイアスがあり、ドイツ的なバイアスがある。そしてもちろんズレや偏りは国や言語を単位にしてだけでなく、さまざまな学派や個人のレベルでも生まれる。ウェーバー受容はどこか一つに収斂《しゅうれん》するよりも、むしろ面白いまでの多様さを生み出してきた。今日のウェーバー受容史研究の隆盛はこのことを物語っている。

安藤英治のモチーフ

安藤英治は、先行世代の研究者である大塚久雄の研究に対して批判的なスタンスをとってきた（安藤 1992: 7）。大塚訳の『プロテスタンティズムの倫理と資本主義の精神』に対して、もっとも厳しいコメントを寄せ、一九三八年に刊行された梶山力《かじやまつとむ》（一九〇九〜一九四一）による旧訳（MWG I/18 = 1994）を復権しようとしたのも、安藤であった。しかしながら、かずかずの解釈の相違にもかかわらず、ウェーバーの著作に出てくるエートス概念の重要性を強調する点では、安藤は大塚の路線を忠実に継承した[44]。

> ウェーバーの方法論は倫理的でないことを要求することによってまさに倫理を要求していることになる。ウェーバーのエートスも実はこの点を繞《めぐ》って姿を現わしてくる。そして、〝この点〟とは、〝価値自由《ヴェルト・フライハイト》〟にほかならない（安藤 1968: 92）。

安藤は大塚以上にウェーバーのエートス論にこだわり、それを価値自由に接続した。大塚の解釈は今日の視点からすると、たしかにかなりユニークではあったが、それでも基本的にウェーバーのプロテスタンティズム研究のテクストに依拠していた。これに対して、安藤が価値自由をエートス論として展開するとき、彼はウェーバー自身のテクストからさらに遠ざかる。実際に「客観性」論文や「価値自由」論文では、ウェーバーはただの一度もエートスという言葉を用いていない。

このことを重視するならば、安藤によるエートスの強調には、かなりの無理があるということになる。近年の研究で、安藤による価値自由についての強い解釈に疑問が出されるようになったのには、十分な理由がある。しかし、彼の解釈の強引さを批判する前に、安藤の論理を内在的に理解する努力をもう少し試みたい。彼がいくぶん無理をしながら価値自由をエートス論と接続しようとしたのには、ある種のエートスがないかぎり彼が理解するような価値自由は成立しない、という強い確信があった。
安藤は『儒教と道教』から次の一節を引用する（安藤 1968: 112）。

儒教的な中国人の義務の内容は、つねに、またいたるところで、所与の秩序（gegebene Ordnungen）によって自己に近い関係にある具体的な、生きている人または死んだ人に対する敬虔の情（Pietät）であって、一度たりとも超世俗的な神に対する、それゆえまた一度だって聖なる「事柄」（Sache）や「理念」（Idee）にたいする敬虔ではなかったのだ（MWG I/19: 462 = 1971: 392）。

価値自由の話をしているのに、唐突に『儒教と道教』が出てくることに、困惑する読者もいるかもしれない。しかし、安藤がこの箇所を引用しながら、考えていたことの道筋をたどることは十分に可能である。今このとき目の前にある秩序の具体的な人間関係を自明の前提として考えていると、そうした具体的な人間関係をある特定の「事柄」や「理念」から批判的に考察したり組み替えたりする可能性がなくなる。同じことを別の言い方で表現すると、ある特定の「事柄」や「理念」に照らして目の前の人間関係を組み替える可能性が少なければ、そのぶんだけ具体的な人間関係の網の目が絶対化されていく。そして「囚われない」という美名のもとで、目の前にある支配関係を支配関係として認識せずに、それを再生産することにもなる。こうした知的・文化的な背景のもとで、Wertfreiheitという言葉をいくら勉強しても、それは無意味ではないか。これが安藤のテーゼを支える直観である。

こうした安藤のモチーフは、彼の軍隊体験に由来している。この体験について、安藤は『マックス・ウェーバー研究』の「あとがき」で述べている。あくまで一般論としてではあるが、本の「あとがき」は難しい。このスペースには、執筆動機や諸々の事情、謝辞やお詫びなどが記される。脱稿直後の高揚感も手伝って、ここには人柄や、そのときの精神状態などが出てきやすい。場合によっては「あとがき」の印象が強すぎて、本文の内容がかき消されてしまうこともある。記憶に残る数々の「あとがき」がある。そのなかでも、安藤英治『マックス・ウェーバー研究』の「あとがき」は強烈な印象を読者に与える。ここで彼は次のように書いている。

問題の中核は精神構造にあり、具体的には〝ヴェルトフライ〟な態度の欠如にあった。退却することを〝転進〟と呼ぶことを、勇気ある態度とは断じて思いえなかった。それは、事実をあるがままに直視することのできない精神的な弱さとしか考えられなかった。こういう精神は当時一貫して日本の社会を流れていた（安藤 1968: 466）。

〝ヴェルト・フライハイト〟は一瞬も私の頭を離れなかった。駈け足をしているときも、カッター〔カッターボート、救命艇――野口の補足〕を漕いでいるときも、教官に殴られているときも。この問題が私の念頭を去ったのは、B29と対空戦闘をしているときくらいのものであった。まさに私は〝ヴェルト・フライハイト〟に憑かれていた（安藤 1968: 468）。

事実と価値の分離が可能になる条件は、一つの現実に一つの、その現実を正当化する価値がへばりついているという状態からの離脱である。一つの現実（事実）を異なる観点（価値）から把握する可能性がなければ、そしてそうした異なる、複数の観点が存在するということを真剣に受け止めたうえで自分と社会を考察するという構えがなければ、ウェーバーの方法論はまったく意味を持たない。安藤はこのことを軍隊生活とその後の研究生活で考え続けた。彼が価値自由を、自分自身の生き方の問題、そしてエートスの問題として引き受けたのも、このためであった。

すでに何度か述べたように、安藤は価値自由という訳語にこだわり、没価値という訳語を否定した。日本社会が現実に対して批判的な態度をとることを困難にするような、文化的なバックグラウンドを持っていることを、彼は強く自覚していた。このためこうした土壌でWert-freiheitに「没価値」という訳語を使ってしまうと、現状肯定的な態度を正当化するものにしかなりえない、と彼は考えた。

〝ヴェルト・フライハイト〟とは価値を〝離れ〟たり〝没する〟ことではなく、価値を持ちながらそれに〝囚われない〟、そして囚われないという意味において〝自由な〟、態度を指すことになるはずである（安藤 1968: 89）。

安藤の価値自由論は、学問論であると同時に、学問に先立つ前提を批判的に問い直そうとする理論である。無批判にある一定の前提で思考しているかぎり、目の前の、所与の社会秩序を相対化することはできない。このような場合には、wertfrei な態度は現状追認にしかならない。別の言い方をすれば、現実から距離をとって批判的に考察することができる、強い主体、ないしそれを可能にするエートスがなければ、目の前にある現実から自由になることはできない。安藤の読解では、ウェーバーの学問論と宗教社会学が独自の仕方で連結している。[45]

「ずるずる」の英訳

安藤英治の『マックス・ウェーバー研究』は東京オリンピックの翌年、一九六五年に刊行された。この研究以来、没価値ではなく価値自由という訳語が広く定着した。しかし、すでに述べたように、今日の読者にとって、彼の議論はわかりやすいものではなくなっている。

このギャップには、もちろん理由がある。安藤とその時代の読者は、日本の政治文化についての批判的な考察が必要であるという問題意識を持っていた。あるいは「戦後」から高度経済成長を迎える時期にあって、こうした問題関心が薄れていくことに対する危機意識がある程度は共有されていた。これに対して現代の私たちには、こうした「日本的」な意識への対決という関心はほぼない。グローバル化にしても、気候変動にしても、ジェンダー平等にしても、ポピュリズムにしても、今日の重要テーマの多くは日本だけの問題ではない。少なくともそれらは「日本特殊論」的に論じなければならない問題ではない。また、なんらかの問題を説明するのに、政治文化を持ち出す議論には、当然のことながら、大きな問題がある。それはしばしばトートロジー（同義語反復）になる。因果推論に注目する政治学の方法論で、しばしば悪い例として出されるのがこのジャンルの研究である。さらに、政治文化をテーマとする研究を積み重ねること自体が文化本質主義的に「日本」を捏造してしまいかねない、という問題もある。

こうして、日本の文化を対象とし、それを批判的に考察するという社会科学的研究は少なくなっている。しかし、安藤のウェーバー解釈を今日の時点でどこまで（再）評価すべきかを見極める意味でも、彼がこだわった点について、もう少し検討を続けたい。ここで手がかりにしたいのが、丸山眞男の「超国家主義の論理と心理」の有名な一節である。[46]

ナチスの指導者は今次の戦争について、その起因はともあれ、開戦への決断に関する明白な意識を持っているにちがいない。然るに我が国の場合はこれだけの大戦争を起しながら、我こそ戦争を起したという意識がこれまでの所、どこにも見当らないのである。何となく何物かに押されつつ、ずるずると国を挙げて戦争の渦中に突入したというこの驚くべき事態は何を意味するか（丸山 1995: 31）。

ナチの政治リーダーと比べると、日本の政治リーダーは、自らの決断に対する責任の意識が弱い。ここから丸山は「無責任の体系」を論じる。このテーゼはよく知られているが、ナチと比較する点などをめぐって、批判を受けることも多い（大嶽 1994: 30-31）（森 2020: 278-279）。しかし、ここで注目してみたいのはこのテーゼそのものではなく、「ずるずる」という表現である。丸山はしばしば「ずるずる」、あるいは「ずるずるべったり」というオノマトペ（擬音語・擬態語）を使った。もちろんこれは学術用語ではない。しかし、この表現が使われることで、それが指している事態を理解することが感覚のレベルで容易になる。

ところが、この「ずるずる」に対応する英語ないしドイツ語はどうやら存在しない。このため丸山のテクストの翻訳では逐語訳ではなく、別表現が用いられる。右の引用箇所の後半部分の、I・モリス（Ivan Morris, 1925-1976）による英訳を引用しておく。

What is the meaning of the remarkable state of affairs in which a country slithered into war, pushed into the vortex by men who were themselves driven by some force that they did not really understand? （Maruyama 1963: 16）

ここではslither into（滑り降りる）という表現が使われている。ヘビが滑るように進むという意味のslitherはたしかに適切な訳語かもしれない。ドイツ語訳では、stürzen（倒れる、勢いよく落ちる）という動詞が使われている（Maruyama 2007: 134）。こちらは急激な変化というニュアンスが強い。いずれも十分に意味は通じる。ただ、なにかよくない方向にゆっくりと、だらしなく落ち込んでいく感覚というのはどうもうまく出てこない。

苅部《かるべ》直《ただし》『丸山眞男――リベラリストの肖像』の英訳では、「ずるずるべったり」がgoing along to get alongと訳されている（苅部 2006: 146 = 2008: 117）。「仲良くやっていくために一緒に行く」とでも訳せばよいだろうか。なんのために進むのかという目的意識が不明確で、したがって目的や行き先をめぐる検討ないし論争が不在ないし不十分で、そうであるから目的地に到着するために用いる（交通）手段の選択をめぐる議論も生まれない。あるいは、別の言い方もできるかもしれない。何を目的にするかをめぐって争ったり、目的から逆算して現在の時点で何をすべきかについて討論したりすることがなんらかの事情でできないとき、私たちは「ずるずる」とどこかに向かっていく。going along to get alongという表現は、こうしたニュアンスをうまくとらえている。

「ずるずる」する傾向があるところで、value-freeを語るとどうなるか。「価値決定を嫌い、「客観的」立場を標榜する傲岸な実証主義者は価値に対する無欲をてらいながら実は彼の「実証的」認識のなかに、小出しに価値判断を潜入させる結果に陥り易い」ということになるのではないか（丸山 1995: 150）。安藤が格闘した課題はこれであった。

こうした傾向に抗《あらが》うために、安藤は「価値への自由」を強調した。そして価値自由はエートスの問題だ、というテーゼを押し出した。安藤が格闘した壁がみえなくなれば、安藤の議論はかなり奇妙にみえてくる。ウェーバー自身が書いていないことをウェーバー論として展開しているという印象が生まれる。安藤の解釈の強引さを指摘することは、今日とても容易である。しかし、彼が格闘したこの「ずるずる」とした態度は、今日の私たちにとってもはや過去のものなのかどうか。

ウェーバーの妥協論

原理・原則が不明確な妥協的な態度を指して「ずるずる」という表現が用いられる。一定の原則を定めて、それに準拠して決断をくだすことができないので、周りの意見や風向きが大きな意味を持ってしまう。原理的なレベルでの決定を避けようとするので、各方面からの声に翻弄されて、なかなか決めることができない。そうこうしているうちに、なんとなくこの情勢なので仕方がないという形で、主体とその責任が不明確なままで、意思決定が行われる。丸山眞男の、いわゆる「無責任の体系」テーゼもこうした理解に基づいている。

ところで、ずるずると妥協するというとき、それはいかなる種類の妥協なのだろうか。妥協の類型論を体系的に展開する準備は、今の私にはない。しかしそれでも、ずるずるとした妥協とウェーバーが論じている妥協は、明確に区別することができる。

ウェーバーは「仕事としての学問」の一節で、次のように述べている。

> 究極的な立場がどれかによって、個人にとって一方は悪魔で、他方は神になる。その人にとってどちらが神でどちらが悪魔かを、個人は選ばなければなりません。すべての生の秩序を通じて、そうなのです（MWG I/17: 101 = 2018: 67）。

ウェーバーはいろいろなところで同様のことを書いている。彼は「神か悪魔か」という「あれかこれか」の対立を突きつける。カール・シュミットは、この箇所を参照しながら、「価値の専制」（Die Tyrannei der Werte）という論文を書いている。ウェーバーによる価値の理解は、諸価値または諸世界観の激烈な対立に行き着かざるをえず、それに比べればホッブズの「自然状態」などは牧歌的ですらある、と彼は述べる。そしてこうした闘争状態は「マックス・ウェーバーの叙述があとに遺した息苦しくなる悪夢（Albdruck）である」とのテーゼを提示する（Schmitt 2011: 40 = 2007: 212）[47]。

シュミットによる読解の仕方はウェーバーの一つの解釈として、そしてシュミットによるシュミットらしい解釈として一定の説得力を持っている[48]。しかし、ウェーバーはただ価値の対立を強調しているだけではない。先ほどの「仕事としての学問」の引用箇所に続く箇所で、ウェーバーは「妥協と相対化」について論じている。そしてこの「妥協と相対化」は、キリスト教の歴史から誰もが知っているものだという（MWG I/17: 101 = 2018: 67）。

ウェーバーからシュミットへの思想的な連なりをどう解釈するにせよ、私たちはウェーバーを対立と決断の思想家として理解しがちである。そしてそれにはもちろん十分な理由がある。実生活でも、彼は妥協が上手な人ではなかった。しかしそれでも、「神と悪魔の争い」について論じたうえで、ウェーバーが強調するのは「妥協と相対化」であった。価値をめぐる対立があるからこそ、私たちは妥協せざるをえない、というのが彼の論理である。

経済学者のローベルト・ヴィルブラントへの、一九一三年四月二日付の書簡でも、彼は次のように書いている。

調停できない対立（Conflikt）があり、したがって妥協（Compromisse）がつねに行われなければならないということこそが、価値領域を支配しているものだと私は考えます。いかに妥協するべきかを一義的に決定したいと思っても、「啓示」宗教でもなければ、そんなことは誰にもできません（MWG, II/8: 165）。

価値をめぐる対立は、「啓示」宗教でもなければ解決できない、つまり人間の理性では解決できない。ウェーバーは学問の限界を確認する。しかし同時にここでも、対立と妥協を一つのセットとして論じている。[49]

この議論はすこぶる凡庸な一般論にみえるかもしれない。しかし、ウェーバーの妥協論は、相互の意見の隔たりが価値のコンフリクトとして顕在化することを極力さけて、なるべくおだやかに、あいまいに「落とし所」を探るような妥協の形成とはかなり異なる。ウェーバーが論じる妥協では、少なくともどのような原理とどのような原理が対立しているのか、そしてその情勢でどのような妥協が必要なのかを言語化することが求められる。[50]

これに対して、ずるずるとした妥協はそうではない。コンセンサス重視の決定方式では、原理レベルの対立が顕在化しないように配慮される。あるいはそうした対立は極力、表に出ないように処理される。派閥のボスによる密室での談合が価値をめぐる対立を吸収する。お膳立てされた選択の余地のない議論のなかで、「やむをえない」という現実的判断が積み重なる。ずるずるというのはそういうことである。妥協というのはどれもずるずるしたものだと思っている人がいるとすれば、その人はそうした意思決定の文化的様式をかなり深刻に内面化している。

価値自由と妥協

ウェーバーの価値自由に消極的な意味しか見いださない人は、ずるずるとした妥協とウェーバー的な妥協の区別がついていない。ウェーバーの価値自由の要求を事実と価値を区別することへの要請と置き換えたうえで、その消極性と無力を嘆く人がしばしば見落としているのは、彼の価値自由的な学問には、一定の妥協を含んだ政治的判断につながる通路がある、ということである。

ウェーバーは「価値自由」論文で、経験的・価値自由的な学問が論じることができるものとして次の三点を挙げている。一つ目は目的を実現するために必要な手段、二つ目はその目的を実現するうえでどうしても生じてくる副次的な結果、三つ目は可能性のあるいくつかの立場の競合関係の確認である（MWG I/12: 470-471 = 1972: 61）[51]。これら三点は価値判断そのものではない。しかし、価値判断に至るまでに必要とされる検討のプロセスには、この三つが含まれる。

ずるずると開戦し、ずるずると敗戦したという表現がリアリティを持つとすれば、次のような思考とそのプロセスが欠如しているからである。戦争の目的はなんなのか。そのためにどのような手段と犠牲が予想されるのか。その手段と犠牲がどの一線を越えたら、戦争の目的は再検討ないし撤回されるべきなのか。以上のような議論を、ウェーバーは価値自由的な学問の範疇に入れている。もちろんこうした実践的な判断の領域では、学問がその名のもとで最終的な答えを与えることはできない。戦争そのものへの評価も含めて、決断はあくまで市民と政治家の判断に委ねられる。[52]たとえ世界が滅んでも、あくまで信念を貫こうとする信条倫理的なアクティヴィストが、こうした検討をすべて無視して突破する可能性はある。しかしそれでも、右のような検討をしたうえでの決断は決断主義的なジャンプではないし、闇雲な選択でもない。

ずるずるとした妥協に欠如しているのは、こうした思考プロセスである。この思考プロセスが欠如することで、「最後は正義が勝つ」ないし「玉砕覚悟」を声高にくり返す以外のことができなくなる。批判的な検討というのは、いくつかの可能性のある選択肢を相互に見比べることである。見比べる可能性が封じられると、別の選択肢を考えている人たちを、ただ別の選択肢を考えているというだけで、「反日」や「非国民」と呼んで排斥することにもなる。目標のイデオロギー的な神聖化と、別の可能性について議論することを封印する傾向は、すでに述べたような、ウェーバー的な意味での妥協の否定と同じである。

もちろん、原理的な対立を原理的なレベルで考え、目的と手段の連関も意識化し、そのうえで政治的判断をくだすことを求めるウェーバーの議論がどれほど可能なのかという問題はある。熟練のプロの政治家からは、そんなことができるくらいであれば苦労しない、と反論されるかもしれない。また、対立をベースにして政治を論じようとすればするほど、ウェーバーの政治理解が暴力行使に引き寄せられていく傾向にあることも否定できない。しかし、ずるずるが常態化しているとすれば、ウェーバーの価値自由と妥協についての考え方を参照することで、この状態を相対化することには意味があるはずである。

生成ＡＩの答えには「観点」がない

安藤について考察したこの章の最後に、生成ＡＩについて少し考えてみたい。

インターネットの検索エンジンが普及したとき、独占的な地位を占めるプラットフォームで検索結果の上位に出てくるかどうかが、決定的なまでに重要な意味を持つことが問題になった。しかし、検索エンジンの場合には、いくつかのサイトを見比べて、その相違や齟齬《そご》について考える機会がないわけではない。これに対してＡＩチャットでは、それなりに正論らしく思われる、一つの整合的な答えが示される。これまでに蓄積された大量の情報を基礎にしているので、それらの情報に含まれるジェンダーや人種に関連する差別的認識が答えに反映されるなどの問題も指摘されている。考えるべきことはたくさんあるが、本書の関心からしてとくに重要なのは、生成系ＡＩによって示される答えでは、いかなる観点からそれが書かれたのかが、ほぼ完全に消されていることである。あまりにもっともらしい模範解答風のアウトプットがなされるので、それがいかなる立場や観点から書かれているのかがまったくわからない。ＡＩチャットは、特定の観点や、あるいはそうした意味での偏りがあたかもまったくないかのように答える。

リサーチ結果や文章は「無前提」に書かれているわけではない。それらはつねに特定の観点から書かれている。したがってこの観点をできるだけ明晰に意識化することを、ウェーバーは求めた。こうした思考を阻む政治文化を批判的に考察するために、安藤はエートスを主題化した。しかし、生成ＡＩが提示してくる答えについては、それがどのような観点から書かれているのかを見極めることがほんとうに難しい。私たちがある特定の、したがって別の可能性もある一つの観点を意識するのは、同じように理に適《かな》った別の選択肢と出会い、相互に比較が行われるときである（野口 2011b）。いくつかの選択肢を前にして悩むというプロセスとその経験は、生成ＡＩとのチャットでは生まれにくい。

もちろん、自分があらかじめ想定していた答えとは異なる答えがＡＩによって提供されたときには、会話を継続しながらものを考える機会が生まれる。思考が進まないときには、ＡＩが壁打ちの相手になってくれることもある。しかし、ある問題に直面したときに、実務担当者も、メディアの人も、いっせいに似たような質問をＡＩに投げ、いっせいに似たような答えを手に入れるとき、その答えがある特定の観点に立脚していることを反省的にとらえること、そしてその観点を可能なかぎり明晰に言語化し、他の可能性を考えることはいっそう難しくなるのではないか。

一つの価値が共有されるわけではない

第2章でドイツ社会学会の発足をめぐる議論をたどりながら論じたように、ウェーバーが事実と価値の分離を求め、価値自由を主張したのには、一つの理論的な前提があった。わかりやすい一つの価値が私たちに共有されることはなく、むしろさまざまな価値があり、それに応じてさまざまな観点があり、その対立や齟齬はなくならないし、またなくせばよいわけではない、というのがその前提であった。

価値の争いがあるにもかかわらず、それがないかのように事実を語ることに、ウェーバーはくり返し反対した。裸の事実ではなく、その事実がピックアップされる前提を、彼は問題にした。安藤は戦争中の体験から、自分が今どのような観点でものをみているのかを意識化しなければならないと考え、没価値という訳語の問題を指摘し、これを価値自由に転換することを求めた。

生成ＡＩが普及するなかで、そしてそれが私たちの思考を規定する度合いが増えるほど、複数の観点の存在を認識することはますます難しくなっている。自分の観点を、他の対立する立場とのコンステレーション（布置連関）に位置づけて、可能なかぎり明晰に自覚化しようとする意識も希薄になりつつある。
第1章で価値自由の暫定的な説明をしたときに、ウェーバーはいくぶん古い新カント派の価値哲学のヴォキャブラリーを引き継いでいると述べた。彼が使う価値という用語が古いことは否定できない。しかし、これらを古いと思うとき、私たちは一体、何を見失いつつあるのか。少なくともこの点を自らに問いかける必要はあるだろう。思想史の仕事の一つは、歴史的コンステレーションに今の時代を位置づけることである。価値というタームの意味がわかりにくくなっているとすれば、それが熱心に論じられていた時代から、現在を照らし直す必要がある。今この時代に安藤を読むということには、そうした意味がある。

【注】

40 「価値自由」という訳語をめぐる研究史については、三笘利幸の論文「「価値自由」論研究の系譜」を参照（三笘 2009）。この論文は、ウェーバーの「客観性」論文についての折原浩の「解説」（折原 1998）を批判的に補足する意図で書かれている。

41 「支配の社会学」というタイトルはとてもよく知られている。しかし、これは『経済と社会』の第三版から第四版（一九五六年）への改訂の際に、編者のヨハネス・ヴィンケルマン（Johannes

Winckelmann, 1900-1985）によって挿入されたものであり、ウェーバー自身はこの呼称を用いていない。このためウェーバー全集でも「支配の社会学」というタイトルは用いられていない（MWG I/22-4 = 2023/2024）。

42　この箇所の訳は野口による。創文社版『支配の社会学』の訳者である世良晃志郎（一九一七～一九八九）はここのwertfreiを「没価値的」と訳している（MWG I/22-4: 460-461 = 1962: II 399）。『支配の社会学』全体で考えても、わざわざ「価値自由」という訳語を使う必要はない、というのが訳者としての世良の判断だったと思われる。

43　近年、「価値自由」という訳語について疑問を呈する研究が出てきたのは、安藤がエートスという言葉を用いつつ論じた価値自由についての議論の前提が、理解しにくくなってきたことによる。（坂 2014）と（今野 2021）はいずれも水準の高い、説得力のある論文である。そのことは認めたうえで、それでも、いささか過剰に読み込まれたエートス論という「日本的なウェーバー読み」の伝統について、私にわかることを書いておくことにも少しは意味があるのではないかと思う。なお、この章の内容は（Noguchi 2022）と部分的に重複している。

44　安藤は六〇年安保闘争について成蹊大学新聞のインタビューを受け、今回の「敗北」は「民主主義がエートスの次元にまで食い込まなかったことのいわば当然の帰結」であると語っている（安藤 1960）。こうした議論の仕方は今では考えられないが、当時はこのようなエートスの使い方がなされていた。

45　ウェーバーの宗教社会学と政治理論の連関については、拙著（Noguchi 2005 = 2006）をご参照いただきたい。

46　安藤とウェーバーの「出会い」は、丸山眞男を通じてのことであった（安藤 1968: 460, 464）（安藤・丸山 1979）。丸山眞男のウェーバー理解については（野口 2016）も参照。

47 シュミットの論文「価値の専制」はもともと一九五九年の研究会での報告で、私家版という形で限定された人たちのみに配布された。ところが何人かによってこの論文が引用されたことで、書籍としても刊行されることになった。このときこの私家版に言及した一人が哲学者のカール・レーヴィット（Karl Löwith, 1897-1973）であった（Löwith 1964 = 1971）。「価値の専制」テーゼについては（内藤 2019：第六章）を参照。

48 ウェーバーは価値の対立を強調する。「神々の闘争」を回避することはできないと彼は考えた。このため、彼の政治理論では妥協ができない、との批判がくり返しなされてきたし、この批判はウェーバーの政治理論の根幹にかかわる（渡辺 2024: 235-239）。しかし、ここで述べたように、ウェーバーの著作に妥協についての考察がないわけではない。もちろん、彼の考察がどれほど説得的かという点では評価は分かれるだろう。

49 ウェーバーは人民投票（プレビシット）的な大統領制を支持していた。しかし彼は、国民投票のような直接民主主義的な決定方式には否定的な立場をとっていた。現代政治の条件では、さまざまな対立のなかで妥協を形成することが不可欠だ、というのがそのときの論拠であった（MWG I/15: 544 = 1982: 434-435）。

50 連立政権を形成する際の連立協議で求められるのは、このような種類の議論と妥協である。一九九〇年代の日本の政治改革では、選挙での「政権選択論」が重視され、小選挙区制を中心とする選挙制度が導入された（岡崎 2019）。別の言い方をすれば、選挙後に行われる政党間の連立協議に、否定的な人が多かったということでもある。しかし、メディアや国民が注目するなかで、各党の原理・原則を突き合わせて妥協を形成し、詳細な連立協定書を作成していくプロセスは、熟議の場と

し、ろくに政策
て妥協を探って
技術についての
げられている

ASAHI SENSHO
朝日選書

52

この意味で、価値自由は判断力をめぐる考察に接続する（Hennis 1987 = 1991）。そしてウェーバーの政治理論で政治教育が重要な意味を持つのもこの連関である（Scaff 1973; 2013）。

第5章　新自由主義者たちのウェーバー

――自由経済と中立性

新自由主義とどう向き合うか

価値自由はどのような文脈で、どのような人によって使われるかによって、その意味を変える。第4章では日本のウェーバー研究者の安藤英治による価値自由の解釈を検討した。本章では、がらりと視点を変えて、いわゆる新自由主義の理論家がどのように価値自由を論じてきたのかに目を向けたい。

新自由主義は、社会主義やケインズ主義的な「大きな政府」に対して、市場での自由競争を重視する思想であり、政治運動である。「小さな政府」、民営化、規制緩和などの一連の政策パッケージや、それらを支えるメンタリティが、新自由主義的なものとして理解されている。今日、こうした政策の結果として、社会的・経済的格差や貧困が拡大している。このような状況で、新自由主義は激しい批判を受けており、その思想それ自体がイデオロギー的な争点になっている。

新自由主義に私たちはいかに向き合えばよいのか。この問いは、今日きわめて切実になっている。しかし本書では、そこまで大風呂敷を広げることはできない。それに、そのような問題設定には限界があるようにも思える。ここでは、新自由主義の思想家たちがウェーバーの価値自由をいかに理解してきたかに焦点をしぼる。従来はそれほど注目されてこなかったが、この系列の研究者は価値自由の理念に賛辞を送ってきた。ウェーバー以後の世代の諸々の社会科学者のなかでも、彼らは価値自由をとりわけ熱心に、そして独特な仕方で擁護している。本章ではとくに経済学者のフリードリヒ・ハイエク（Friedrich August von Hayek, 1899-1992）のフライブルク大学教授就任講義（一九六二年）を取り上げ、いくぶん丁寧にこれを検討することにしたい。

オルド自由主義

ハイエクによる価値自由の解釈を検討する前に、オルド自由主義といわれるドイツの新自由主義について、最低限の基本事項を確認しておきたい。新自由主義というと、マーガレット・サッチャー（Margaret Thatcher, 1925-2013）以降の、主として英語圏での理論であると理解されることが多い。しかし、その思想的源流はより早い時期に見いだすことができる。一九三〇年代に始まるドイツのオルド自由主義（Ordoliberalismus）がそれである。[53]

オルド自由主義のオルドはドイツ語のOrdnungから来ている。Ordnungは秩序を意味し、英語ではorderに対応する。しかし、Ordnungとorderには若干の意味の相違もある。前者とは異なり後者には、命令や注文の意味がある。これに対してドイツ語のOrdnungには、このような意味合いは弱い。ドイツ語で命令や指示という意味のときはOrdnungではなく、むしろBefehlないしAnordnungが使われる。Ordnungは主として規則的に、ないし順序よく配列されている秩序を指す[54]。

一般的に新自由主義は、市場原理を強調するとともに、政府による市場への介入を控える、いわゆる「小さな政府」を唱える立場のことである。こうした教科書的な説明からすると、「秩序」という、強い概念が持ち出されることに違和感を持つ読者も少なくないかもしれない。しかし、オルド自由主義者にとっては、政府が大きいか小さいかは実はそれほど重要ではない。政府が積極的に市場や社会問題に関与するか、あるいはそれらに対して消極的かという程度が問題なわけでもない。彼らが目指すのは、競争的な市場原理が機能するように政府が政治的に基盤を整えることである。市場原理を守るという目的のために、「強い政府」が要請される。そして自由経済と強い政府が結合することで安定した秩序が可能になる。ドイツ型の新自由主義者のキーワードは、こうした意味での秩序（オルド）である。

新自由主義は経済主導の思想だと思われがちである。しかし、その思想はかなり強く政治的な性格を持っている。オルド自由主義が一九三〇年代に出発しているという事実が、このことをよく物語っている。

一般にオルド自由主義は、戦後西ドイツの、いわゆる「社会的市場経済」（Soziale Marktwirtschaft）の思想的な淵源として知られている。アデナウアー（Konrad Adenauer, 1876-1967）内閣の連邦経済大臣で、一九六三年から六六年に首相を務めたルートヴィヒ・エアハルト（Ludwig Wilhelm Erhard, 1897-1977）はこの原理を掲げ、「経済の奇跡」（日本でいう高度経済成長）の立役者といわれるようになった。しかし、オルド自由主義の思想的な出発点は一九六〇年代ではない。

ウェーバー没後のワイマール共和国では、諸利害・諸イデオロギー・諸党派が統合力を失い分極化していく。このような状況にあって、「神々の闘争」を基礎とするような、ウェーバー的な（あるいは価値自由的な）自由主義は現実に対する有意性を喪失していく。社会的・文化的・政治的な対立が激しくなる現実のなかで、ウェーバーの理論は状況をさらに悪化させかねないようにみえた。彼の理論は矛盾や対立を強調するので、それをむしろ先鋭化しかねないからである。このことはすでに、第3章でマンハイムによるウェーバー批判について論じた際に述べた。オルド自由主義の構想が立ち上がるのは、まさにこの時期であった。オルド自由主義に属する経済学者の関心は、もちろん経済の危機に向けられていた。しかし、経済的危機の克服のプロジェクトは、政治的な秩序の再建とセットになっていた。

一つの出発点になったのが、ヴァルター・オイケン（Walter Eucken, 1891-1950）による一九三二年の論文「国家の構造変容と資本主義の危機」であった[55]（Eucken 1932）。オイケンはのちに「フライブルク学派」と呼ばれるようになるオルド自由主義の学派の中心的な存在になる。

彼が一貫して問題にしたのは、国家のレジティマシー（正統性・正当性）の危機であった。『経済政策原理』（一九五二年）でオイケンは、以下のような問題を指摘する。「工業、農業、および商業の団体、比較的大きな独占および部分独占、コンツェルンおよび労働組合が国家の意思形成に対してどんなに重要な、しばしば決定的な、しかし統御されない影響を及ぼすか」について、人びとはよく認識できていない、というのがその問題であった。彼は次のように述べる。

二十世紀における国家的発展の格段に最も重要な本質的特徴は、国家活動（Staatstätigkeit）の範囲の増大と国家権威（Staatsautorität）の同時的低下である（Eucken 2004: 327 = 1967: 444）。

社会に存在するさまざまな利益団体はそれぞれの自己利益を追求し、国家にもさまざまなサービスを要求する。これに応じて国家の機能は拡大し、予算も増大し、公務員組織も大きくなる。ところが、このような「国家活動」の増大は、国家が何かを決めることをますます困難にする。「国家の意思」は声の大きな、いくつかの団体の要求に振り回され、それらの対立に引き裂かれ、場当たり的に、そして非一貫的に形成される。オイケンはここに「国家権威」の弱体化をみる。

声の大きな勢力の要求に屈しない国家の権威が成り立つのは、一貫した原理が確立され、国家がそれに準拠する場合だけである。無原則な妥協ではなく、国家には哲学が必要だ、というわけである。オイケンにとっての哲学は自由競争の原理であった。彼は経済的な競争の条件を確保することに、国家の機能を限定する。これはたしかに限定ではあるが、国家の弱体化と同じではない。国家は市場競争の番人として、必要なときには決然と、強力な権力行使を行うことができるし、そうすべき存在として位置づけられる。

競争秩序（Wettbewerbsordnung）なくしてはいかなる活動能力のある国家（aktionsfähiger Staat）も成立しえないし、活動能力のある国家なくして競争秩序は成立しえない（Eucken 2004: 338 = 1967: 457）。

これがオイケンの基本テーゼであった。無原則に肥大化した国家は市場競争を阻害し、それによって国家の権威も失墜する。こうならないために、競争が基本原理とされ、原則を保持する強い国家が要請される。

このような思想は同時期に、アレクサンダー・リュストウ（Alexander Rüstow, 1885-1963）によっても展開された。一九三二年九月にドレスデンで開催された社会政策学会で彼が行った講演のタイトルは、まさに「自由経済、強い国家」（Freie Wirtschaft, starker Staat）であった。

このタイトルは、半世紀後にイギリスの政治学者アンドリュー・ギャンブル（Andrew Gamble, 1947-）によって書かれることになる、サッチャリズムについての有名な著作『自由経済と強い国家』を思い起こさせる（Gamble 1988）。この類似はもちろん偶然ではない[56]。

リュストウは、ヴァルター・ベンヤミンとともに青年運動に参加し、社会主義者としてドイツ革命を経験したあと、ルール地方の石炭産業の国有化に取り組んだ。しかし、彼は社会主義に幻滅するようになる。ナチ支配下のドイツからスイスに亡命したあと、彼はトルコに渡り、イスタンブール大学で教えた。そして戦後、彼は初代のドイツ政治学会会長を務めた。

リュストウのあまりに多彩な人生をたどることは、もちろん本書の課題ではない。ここで注目すべきなのは、ドイツを逃れる一年前の一九三二年に彼が行った講演の基本的な視点である。リュストウはこの講演で「新しい自由主義」を定式化しようとする。自由主義は当時、ファシズムと共産主義の双方から攻撃を受け、過去の思想になりかけていた。こうした劣勢の自由主義を、彼は救出しようとする。彼が問題にするのは、さまざまな利害の絡み合いのなかで、身動きがとれなくなり、「弱く」なっている自由主義国家の状況であった。市場原理を押し出すことで、彼はこの状況を乗り越えようとする。この点で、リュストウはオイケンと完全に一致している。

一九三八年にパリで、アメリカのジャーナリストのウォルター・リップマン（Walter Lippmann, 1889-1974）が執筆した『善き社会』のフランス語訳の出版をきっかけとして（Lippmann

1937＝1938)、いわゆるウォルター・リップマン・コロキアムが開催された。この催しには、オイケン、ハイエク、そしてフォン・ミーゼス(Ludwig von Mises, 1881-1973)らが参加した。このコロキアムは、新自由主義の記念碑的な会合といわれることになる。しかし、ドイツのオルド自由主義はこれよりも少し早く始動していた。一九三二年が重要な年となった。[57] 主として経済学者によって展開されたこの思想運動は、政治的な危機が高まるなかで、それを克服するという意図を持っていた。

ハイエクのフライブルク大学教授就任講義

オーストリアのウィーン出身の経済学者・社会哲学者ハイエクは、『隷属への道』(Hayek 2008＝2008)などの著作で知られており、二〇世紀の最も重要な自由主義の思想家の一人である。彼はアメリカのシカゴ大学で教えていたが、一九六二年にヨーロッパに戻り、フライブルク大学法学部に着任した。このとき彼はドイツの大学の慣例にしたがって、教授就任講義を行った。教授就任講義では、その人の自己紹介という意味もあり、かなり直球のトークが展開されることが多い。マックス・ウェーバーは一八九五年に同じくフライブルク大学で「国民国家と経済政策」と題する教授就任講義を行い、経済ナショナリストとしての自らの立場を強力に押し出している（MWG I/4-2: 543-574 = 1982: 37-63）。[58]

もちろんまだ若かったウェーバーと六〇歳を過ぎたハイエクでは教授就任講義で求められるものはおそらく違っていた。はじめて大学の正教授になったウェーバーとは異なり、ハイエクはこのとき、まだノーベル経済学賞こそ受賞していなかったが、すでに世界的に著名な研究者であった。この講義でハイエクは、それまでの彼の学問の来歴をふりかえりながら、彼の「仕事としての学問」を率直に、かつ骨太に語った。

講義のタイトルは「経済、科学、そして政治」（Wirtschaft, Wissenschaft und Politik）であった。ここでハイエクはフライブルク大学の先人たち、とくに「フライブルク学派」と呼ばれるドイツ型の新自由主義の創始者であり、代表的な理論家であったヴァルター・オイケンの思い出と、彼に対する感謝を述べた。ハイエクは一九四七年に新自由主義者の団体モンペルラン・ソサエティー（Mont Pelerin Society）を創設し、その初代会長に就任した。このときの会合にはオイケンも参加していた。ハイエクがアメリカからヨーロッパに帰還する際にフライブルク大学を選んだのには、この大学がドイツ語圏の新自由主義の牙城であり、オイケンが所属していた大学だったという事情があった。

フリードリヒ・ハイエク。
ⓒ朝日新聞社

ハイエクはフライブルクで「科学による貢献の目標と限

界」について語った（Hayek 2001: 67 = 2009: 47）[59]。学問に何ができて何ができないのかを、彼はテーマにした。言い換えれば、この講義は「社会科学全般における、また具体的には経済や社会政策の問題についての議論における価値判断の役割」についての考察であった。この文脈で、ハイエクはマックス・ウェーバーを引き合いに出す。「マックス・ウェーバーがこれについて基本的なことを述べてからほとんど五〇年になる。そしていま彼の慎重な定式化を読みなおしてみると、付け足すべきことは多くはない」。このように述べたうえで、ハイエクは次のようにウェーバーの立場を要約する。

ここで私たちが従うべき一般原則は、特定の事例への適用においてはいろいろ難点があるにしても、実際にとてもシンプルである。自明のことながら、学問がそれについて何かをいうべきである因果連関（Ursachenzusammenhänge; connections of cause and effect）と、結果についての願望的な価値（Wünschenswertheit; desirability or undesirability）を明確に峻別することが、知的誠実という基本的な義務である（Hayek 2001: 67 = 2009: 48）。

学問に何ができて、何ができないのか。この問いへの答えとして、ハイエクはウェーバーの価値自由についての基本的な説明をほぼそのままくり返す。「付け加えることは多くない」というだけのことはある。しかし、ここで重要なことは、彼がウェーバーを引用する理由である。

ハイエクが価値自由を参照するのは、若い頃ウィーンで読んだドイツ語圏の思想家を懐かしむためではもちろんない。新自由主義という名称で語られることになる、彼の社会哲学の基本線が、ウェーバーの価値自由にきれいにフィットしている、と彼が理解していたからである。そうであるからこそハイエクはウェーバーに言及し、それを踏み台にして自分の思想を語る。

ハイエクが彼の理解する価値自由に共感するポイントに注目する形で、さらにこの教授就任講義の内容を追っていきたい。

一般的な理解によると、価値自由は事実と価値の分離・峻別を意味する。これはこの概念の標準的な説明である。そして本書でも何度かそのような表現を用いてきた。ただ、ハイエクは価値自由についての議論のなかで、事実を強調することはない。尾高邦雄のように「事実をして語らしめる」こととして価値自由を理解したりはしない。むしろ反対である。彼は次のように述べる。

> 理論の有用性が限定されているとしても、より事実を強調すべきだと誤解している人がみなさんのなかに誰もいないことを願っている。〔…〕事実についての知識はそれ自体ではまだ学問ではない（Hayek 2001: 79 = 2009: 65)。

交換的正義と配分的正義

では、個人の価値や主観的な願望ではなく、そうしたものから自由で、かつ事実を強調するだけではない学問とは何か。ハイエクはアリストテレス以来の交換的正義（kommutative Gerechtigkeit; commutative justice）と配分的正義（distributive Gerechtigkeit; distributive justice）という二つの正義概念を参照しながらこれを説明する。

交換的な正義は、ハイエクによれば、あるサービスや商品に対して、それを受け取る側の人（消費者）の評価に応じて報酬が支払われるときに成り立つような正義である。サービスや商品の生産者は、場合によってはものすごく少ない労力で莫大な報酬を得るかもしれないし、逆に、血の滲《にじ》むような重労働の結果であるにもかかわらず、ほんのわずかの報酬しか受け取れないかもしれない。ハイエクの説明によると、こうした生産者側の個別の事情ではなく、あくまでサービスや商品を受け取る側の評価や満足度が価格に反映される点をもって正義の指標とするのが、交換的正義である。この正義はもちろん、市場経済で作動する価格の自動調整メカニズムと連関している。[60]

これに対して、配分的正義は、各人の能力や価値に比例して、各人に見合うように富や名誉を配分することを正義の指標とする。アリストテレスはポリスの「共通善」を前提として、この正義を論じている。

ハイエクによる配分的正義の理解に特徴的なのは、誰が配分するのかに注目し、その恣意的な権力を問題にする点にある。価値を権威的に配分するということは、実質的には、官僚機構がその配分を決定することを意味する。ハイエクはここに問題をみる。市場での交換の場合には、原理的には、ある特定の個人や偉い人の、パーソナルで恣意的な判断が入り込む余地はない。トップの好き嫌いで売れない商品が売り出されたり、売れ筋商品が販売終了になったりすれば、その会社は倒産の危機に立たされる。これに対して配分的な正義では、ハイエクの理解によると、配分の仕方を決める人の判断の恣意性がどうしても出てきてしまう。彼は次のように指摘する。

> 人びとにそれぞれの主観的な功績に応じて報酬を与えるという試みはいつでも、何がそうした功績なのかについて、少数の人びとの見解が、すべての人の行為を拘束することにならざるをえない。配分的正義は、個人的な不自由ばかりでなく、反論を許されない価値の階層構造の一般的な貫徹を、つまり言葉の厳格な意味での全体主義的レジームを要求する（Hayek 2001: 72 = 2009: 55）。

私たちはハイエクという人が市場原理の強力な信奉者だったことを知っている。彼は市場を「自生的な秩序」(spontane Ordnung; spontaneous order) とみる。たしかに、ウェーバーも市場を擁護している。市場による調整が働かない社会主義体制では、プロレタリアートではなく、「官僚の独裁」が帰結するというのがその論拠であった (MWG I/15: 621 = 1980: 64-65)。しかし、ウェーバーは市場原理それ自体をそこまで信頼していない。少なくとも彼はそれを至高の原理とすることはなかった。ウェーバーは資本主義のシステムを「主人なき奴隷制」と呼んでいる (MWG I/22-4: 635 = 2024: 266)[61]。主人という人格を持つ支配者がいれば、その人との交渉の余地がある。交渉の結果、パターナリズム的な温情による支配が出来上がるかもしれないが、それなりに対等な関係が築けるかもしれない。しかし、市場による資本の支配が貫徹されていけば、話し合いを通じて関係性を構築していく余地はそれだけなくなることになる。

ウェーバーに比べると、ハイエクによる市場原理への信念ははるかに強い。ただし、ハイエクは、オイケンらが主張するようには「強い国家」を強調しているわけではない[62]。それでも彼も一定の、安定した秩序を前提にしており、それを規範の源泉として議論を展開している。秩序はハイエクにとっても中心的な概念である。このような理論的な基礎のもとで、彼はナチズムのみならず、共産主義にも、個人の自由を深刻に侵害する全体主義的なものをみる。彼が配分的正義の問題を指摘し、交換的正義を擁護する根拠もここにある。

ハイエクがフライブルク大学の教授になり、このような理論を展開したのは、第二次世界大戦後、西側先進国でもいわゆる「福祉国家」化が進んでいく途上のことであった。今日のように、プルートクラシー（カネ持ち支配）の傾向が強まり（野口 2024）、格差や貧困が深刻な問題になっているときに、なおも彼の議論が妥当なのかどうか。いかなる立場をとるにせよ、私たちはみな、この問いの前にいる。

それにしても、ハイエクはブレない。交換的正義と配分的正義を右のように対比したうえで、彼はふたたび価値自由に話を戻す。二つの正義の形式について、それぞれが実現されたときにいかなる帰結が出てくるのか。これをめぐる議論は、ハイエクによれば、「価値判断」（Wertungen; value judgements）の問題ではなく、「科学的分析」（Ursache und Wirkung; scientific analysis）の問題である（Hayek 2001: 72 = 2009: 55）。交換的正義は「市場の正義」を貫くことで個人の自由の保障を実現する。これに対して配分的正義は、少数者への権力の集中と個人の自由の侵害をもたらす。ハイエクからすれば、前者を選択しない理由はない。

> 価値判断の対立があまりに激しく、さしあたり架橋不可能と思われる問題でも、私たちが選択しなければならない選択肢について論争の当事者が合意できれば、たいがいは意見の違いはなくなってしまう（Hayek 2001: 70 = 2009: 51）。

ハイエクにとっては、答えはこれほどまでに明白であった。二つの正義についての論点整理をしたうえでもなお、見解の相違が生まれる場合には、学問はそれについては沈黙するしかない。どのような選択肢があり、それぞれにどのような帰結が伴うのかについて議論することまでは、学問の領分である。もしそれでも配分的正義に固執する人がいるならば、それ以上語るべきことを学問は持たない。これがハイエクの見解であった（Hayek 2001: 72 = 2009: 55）。

学問によっては価値の対立は調停できない、とウェーバーも主張した。このとき彼は複数の価値を対等だとみなしている。価値の多元性と対立を彼は重大な問題だと考えた。これに対してハイエクの学問が沈黙するのは、正しい理論を理解できない少数の変わり者に対してである。ここには、彼が考える自由と市場以外の原理へのリスペクトや共感の余地はない。

価値自由による市場原理の正当化

事実と価値の分離という表現を用いて思考を進めると、加工されていない事実と、それ以外の価値判断をきれいに分けることができると考えてしまいがちである。第3章で、「事実をして語らしめる」という表現をめぐる誤訳について考察した。ウェーバーは事実について、そのようなナイーブな理解をしていない。世界に起こることは無限であり、なんらかの意味づけをしなければ、それ自体に意味はない（MWG I/7: 188 = 1998: 92）。どの事実をどのように整理し理解可能にするのか。このような思考による加工を抜きにしては、いかなる事実も事実として確定できない。別の言い方をすれば、あたかも裸の事実があるかのように語っている人は、自分がいかにその事実をピックアップし、それに陰影を付け、大事なものとそうでないものを取捨選択しているのかを忘却している。事実はなんらかの観点や思想のフレームワークなしには事実にならない。ハイエクはこの講義でくり返し「理論」（Theorie）の重要性を強調している。そして事実だけでは学問ではないという。この点では、ウェーバーその人とハイエクの違いはほとんどない。

ハイエクがウェーバーと異なるのは、価値自由の議論と市場原理の擁護が連続していて、価値の対立や選択がそれほど深刻にはとらえられていない点である。ウェーバーは価値自由的な学問を前提にするかぎり、学問によって体制の選択ができるとは決して考えなかった。彼の場合には、価値自由は価値の対立を前提とし、それゆえに要請された。そして価値自由的な学問はこうした価値の対立を宥和《ゆうわ》させることはなく、むしろ場合によっては対立を露呈させる性質のものであった。

これに対して、ハイエクの場合には、市場原理は彼が理解する価値自由と矛盾せず、むしろこうした価値自由から市場の交換的正義が正当化される。設計主義的な合理主義や計画の思想は人間社会の複雑性を軽視している。人為的に秩序を形成しようとすることに、ハイエクは傲慢さと危険性をみる。この点で、彼は保守主義の伝統を継承しており、彼の学問理解はかなり謙虚であるともいえる。しかし、市場の自生的秩序への信頼という点については、彼は相当に頑固であった。「教条的で硬直した原理への固執」といわれようとも、「原理こそが最も重要な貢献である」という姿勢を、彼は保持し続けた（Hayek 2001: 78 = 2009: 63）。

似たようなことは、オイケンについても確認できる。オイケンは社会科学には二つの課題があるという。一つ目は「歴史的に与えられた世界の探求」であり、二つ目は「いかなる秩序形態が近代の産業化された世界を秩序づけることができるのかについて、判断を下すこと」であるという。そのうえで彼はウェーバーの価値自由について次のように書いている。

「事実の科学的解明と評価的判断とのたえざる混同は、われわれの学科に属する仕事の、今なお最も広く行われてはいるが、また最も有害な特色の一つなのである」。〔このように要約することができる〕マックス・ウェーバーの警告は今日でもなお当てはまる。もちろん彼はその実証主義的な根本思想にもとづいて、「事実の解明」（Erörterung der Tatsachen）が科学自身を、他にだれも引き受けない、第二の、大きな新しい課題へと導くという事情を認識しなかった。しかし、感情や怨恨を交えることなく現実を研究する科学のみが本当の秩序形成力（ordnende Potenz）になる、ということは間違いない。科学者はまず第二の課題を完全に忘れて、第一のそれに献身しなければならぬ。かれがこれをより根本的に行えば行うほど、後にそれだけいっそうよく、第二のそれを果たすことができるのである（Eucken 2004: 340 = 1967: 460-461）。

オイケンの場合も、価値判断を排した事実の探究が市場的な秩序の正当化に行き着くとされる。事実を「解明」することで、市場原理とは異なる秩序原理が構想される可能性は排除されている。市場的な秩序が説得力を持ち、自然的に、あるいは中立的に把握されればされるほど、価値自由の要請はこれと矛盾しないものとして理解されるようになる。

価値自由を論じるときの一つの論点は、価値自由的な学問が個人の決定・決断を拘束する力をどれくらい持つと考えるのかという点にある。学問によって政治的な決定・決断の余地がかぎりなく「一択」に狭められると考えるか、あるいは学問は決定・決断を前にしてはほぼ無力だというくらいに、非合理な「飛躍」を強調するのか。価値自由の性格は、いずれの方向に向かうかによって相当に異なってくる。新自由主義者たちの価値自由論は前者の類型の極端なケースである。[63]

一九三二年のカール・シュミット[64]

もう一度、一九三二年に戻りたい。リュストウの講演「自由経済、強い国家」の二ヶ月後の

カール・シュミット

一九三二年一一月二三日に、カール・シュミットは「強い国家と健康な経済」(Starker Staat und gesunde Wirtschaft) と題する講演を、デュッセルドルフの経済団体で行った (Schmitt 1995)。もちろん激動の時代を生きたシュミットは、時代状況に応じて思想を微妙に変化させている。しかも、この講演はナチが政権を掌握する二ヶ月前に行われている。ここでの議論をシュミットの思想の根本に据えて一般化することは控えるべきであろう。

そうした留保をしたうえでの話ではあるが、ここでシュミットはまさにリュストウに呼応する形で「強い国家」を論じている。経済学者のリュストウがどちらかというと「自由経済」に力点を置いて国家の再建を試みているとすれば、シュミットの議論は明らかに最初から最後まで「強い国家」の再建という問題関心で貫かれている。彼が批判の対象にするのは多元的国家論である。多元的国家論は、国家主権の絶対性を相対化し、国家も、宗教団体や経済団体、あるいは労働組合など、諸々の団体と並ぶ一つの団体にすぎないという自由主義的な国家理解を指す。イギリスのフィッギス (John Neville Figgis, 1866-1919) やラスキ (Harold Joseph Laski, 1893-1950) らの議論がそれに当たる。もちろん多元的国家論でも、国家の相対的な優位性は完全には否定されないことが多い。しかしそれでも、諸々の団体に、国家から相対的に独立した地位が認められることには変わりはない。

そうなると、国家はこれらの諸々の団体に対してどのように振舞うべきか、という問題が出てくる。リベラルな国家論によれば、国家は諸団体の自由には基本的に介入すべきではない。近代自由主義の原則は、諸団体に対する国家の中立性である。論文「超国家主義の論理と心理」で丸山眞男は、「ヨーロッパ近代国家はカール・シュミットがいうように、中性国家（Ein neutraler Staat）たることに一つの大きな特色がある」と述べている。ここでの「中性」は「ノイトラール」（英語のニュートラル）の訳であり、「中立」のことである。そして、中性国家ないし中立国家は自由主義の別表現である。この基準から丸山は、戦前の日本の特異性と問題を指摘した。

丸山眞男。©朝日新聞社

> ところが日本は明治以後の近代国家の形成過程に於《おい》て嘗《かつ》てこのような国家主権の技術的、中立的性格を表明しようとしなかった。その結果、日本の国家主義は内容的価値の実体たることにどこまでも自己の支配根拠を置こうとした（丸山 1995: 20）。

ヨーロッパの近代国家と日本の差異を描き出す、とても明晰な議論である。しかし、ここで名前を出されているカール・シュミット自身はリベラルな中性国家に否定的な立場をとっていた。彼にとってこのような国家は、危機の時代にあって何もできない「弱い国家」に他ならなかった。一九三二年に刊行された『合法性とレジティマシー』で、シュミットは次のように書いている。

多元主義的政党国家は、強さと力によって「全体的」になるのではない。それが「全体的」になるのは弱さゆえである。この種の国家はあらゆる利害関係者の要求を充足しなければならないので、あらゆる生活の領域に介入する。とくにこの国家は、これまで国家とは関係のなかった（staatsfrei）経済の領域に入っていかざるをえない。国家が経済の領域において、どんな指導や政治的働きかけをも断念せざるをえなかったとしてもである（Schmitt 1958: 342=1983: 136）。[65]

このように国家の「弱さ」を懸念するシュミットにとって、市場原理を強調することで諸利害への国家の介入による混乱から国家を解放し、同時に労働セクターからの要求を拒否し、市場を守る強い国家を実現することができる、というリュストウの提案はとても魅了的に映ったはずである。そして実際、この当時のシュミットはリュストウと頻繁に連絡を取り合っていた。シュミットの日記によれば、この講演会の三日前にもリュストウと電話で話をしている（Schmitt 2010: 236）。

しかし、シュミットが「友と敵」の思想家であるとすれば、一定の条件のもとで新自由主義を受け入れることはあったとしても、彼の思想の総体をこれに接続することは難しいようにもみえる。彼はくり返し経済のロジックが自律的に展開するという自由主義の前提を否定し、中立化と脱政治化の限界を指摘し続けた（Schmitt 1996a: 68 = 2022: 80）。

権威主義的自由主義

シュミットによるデュッセルドルフでの講演に注目し、これに批判的な書評を書いたのが、「社会的法治国家」の概念で知られるヘルマン・ヘラー（Hermann Heller, 1891-1933）であった。彼はシュミットの立場を権威主義的自由主義と呼んでいる。ここでヘラーのいう自由主義は、政府は原則として経済の領域に介入しないという意味である。「国家は自分が経済生活において占めていた一切の仕事場を放棄し、明確に限定され、外部に対して明瞭にわかるような国家の徴税権という形式においてのみ経済に関与するべきだ」という立場がそれだという（Heller 1933:295 = 1990: 266）。一般的な理解によれば、多元的国家論が依拠する自由主義は、強権的ではない「弱い国家」と結びつく。これに対して権威主義的自由主義ではむしろ、政治と経済の分化を理論的な背景としながら、強力にして権威主義的な国家が要求される。

ヘラーの名前は、一部のドイツ系の研究者を除けば、いまやそれほど知られていないかもしれない。しかし、一九三三年に急逝したこの国法学者の議論が、最近になってにわかに注目されるようになっている。その背景には、ポスト共産主義の時代の政治体制の変容とそれをめぐる議論にあって、リベラルな価値を擁護するデモクラシーではなく、安定や強いリーダーシップを強調するデモクラシー理解が広がったことがある。この文脈で権威主義的自由主義という用語があらためて注目されるようになった。政党間の競争は行われているが、政権与党の圧倒的な優位のもとでオポジション（野党や批判的メディア）が抑え込まれる「競争的権威主義」(Levitsky/Way 2010) や「非リベラルなデモクラシー」(illiberal democracy) (Zakaria 1997) などの用語とともに、現代の権威主義的傾向についての議論が活発になっている。権威主義的自由主義もその一つである。

危機の時代認識のもとで、競争を正当化の根拠としながら権威主義体制が強化されていく。このロジックは、オルド自由主義のそれと重なってみえる。『時間かせぎの資本主義』(Streeck 2013 = 2016) などの著作で知られるヴォルフガング・シュトレーク (Wolfgang Streeck, 1946-) も、「ヘラー、シュミット、そしてユーロ」と題する論文で、この連続性を指摘する。そして「かりにフーコーがオルド自由主義について、それをドイツの国家的伝統の歴史に、あるいはナチス以後のドイツ政治の歴史に位置づけようとしたのであれば、シュミットとヘラーに遡ってもよかった」と書いている (Streeck 2015: 364 = 2017: 215)。

ミシェル・フーコー（Michel Foucault, 1926-1984）は、一九七八〜七九年度にコレージュ・ド・フランスで「生政治の誕生」と題する講義を行った。ここで彼はオルド自由主義について、かなり詳細に検討している（Foucault 2004=2008）。

本題の価値自由に話を戻したい。シュミットは少なくとも一九三二年の時点では、「自由経済と強い国家」を結合させる議論に接近した。しかし、価値自由の要請をこれとつなげることは決してなかった。彼にとって価値自由は、彼が批判する自由主義の学問的な表現である（Schmitt 2010: 401）。友と敵を区別することができず、したがって決断の契機がないという点を、彼は問題にし続けた。[66]

信条倫理的な保守

すでに述べてきたように、本書は正しい価値自由の理解を示すことを目的としていない。さまざまな立場の人たちがさまざまな仕方で、この有名な要請を受容してきたことを確認し、その受容の違いから価値自由、さらには政治的中立について考察することを主たる課題としている。このため、ハイエクとシュミットの価値自由理解のいずれが正しいか、という問いはあえて立てない。ここでとくに注目したいのは、前者のオルド自由主義の系譜では、価値自由的な学問（として彼らが理解するもの）によって市場原理が正当化されてきたという点である。

ハイエクにとって市場原理は、特定の特権的な少数者が権力を恣意的に行使することを防ぐ論理であった。そしてこれによって社会は安定する、と彼は考えた。同じように、価値自由の要請は、特定の人たちの特定の価値観を、それを共有しない他者に押し付けないことを求める。そしてそれによって学問の領域の自由と自律性が確保される。このように考えると、市場原理と価値自由は矛盾せずに連続する。ハイエクには、こうして生まれてくる自生的秩序を賛美することに、まったく迷いがなかった。そしてハイエクのエピゴーネン（亜種）になると、こうした迷いはさらになくなる。そして「原則ある財政政策」や「信念のある政治」、あるいは「ブレない信念」などが、新自由主義のキーワードに加わる。こうして基本的に保守主義的でありながら、信条倫理的な傾向が徐々に出てくることになる。[67] 新自由主義者によって理解される価値自由的な学問は、彼らの信条を厳しい検討に晒すことはなく、むしろその信条を強固にする。彼らは自分の根拠のなさに戸惑ったり、心許ない場所で立ち尽くしたりすることはない。価値自由によって自らの立場が修正される可能性は最初からほぼ除去されている。彼らは学べば学ぶほど頑固になっていく。

一般には、自由主義と権威主義は対立するものである。しかし、新自由主義は権威主義と矛盾せず、これと連結する。ウェーバーは価値の多様性を強調し、彼の批判者はここに諸価値の混乱をみた。新自由主義者は市場原理を強調することで、ウェーバー的な混乱した世界を克服する。ここに新自由主義と権威主義との親和的関係が生まれる。

自由主義は多義的な概念である。その特徴づけや分類の仕方はいろいろありうる。このとき、一つのヒントを提供するのが価値自由かもしれない。ある自由主義者が価値自由をどのように理解しているのかをみれば、その論者の自由主義の特徴がみえてくる。

【注】

53 この思想系列はウェーバーと直結するわけではない。それでも両者はしばしば交差する。例えば、保守のキリスト教民主同盟の有力政治家で、財務大臣や連邦議会議長を歴任したヴォルフガング・ショイブレ（Wolfgang Schäuble, 1942-2023）は『フランクフルター・アルゲマイネ紙』に掲載された論説で、ウェーバーをオルド自由主義とつなげて論じている（Schäuble 2019）。

54 秩序（Ordnung）という概念は、ドイツ思想史の領域で、かなり特有の問題圏を形成していおり、それについては多くの研究がある（Anter 2007）。そして、ウェーバーの著作でも秩序はキーワードである。ただし、ウェーバーの場合には、秩序は複数形で語られ、複数の秩序が異なるロジックで作動することが強調されている。これに対して、とりわけ一九三〇年代に始まる秩序をテーマとする議論は、それぞれの論者によって内容は異なるものの、個々の要素を統合する全体に対する関心によって導かれている。エリック・フェーゲリンのライフワークとなった『秩序と歴史』（*Order*

and History）全五巻などもこの系列に含まれる（Voegelin 1999-2000 = 2007）。

55 ちなみに、ヴァルター・オイケンの父は、理想主義の哲学者で、ノーベル文学賞受賞者でもあるルドルフ・オイケン（Rudolf Eucken, 1846-1926）である。

56 『自由経済と強い国家』（Gamble 1988 = 1990）の出発点となった論文で、ギャンブルはリュストウに言及している（Gamble 1979: 25）。

57 アルフレート・ミュラー＝アルマック（Alfred Müller-Armack, 1901-1978）の『資本主義の発展法則』（Müller-Armack 1932）が刊行されたのも、同じく一九三二年であった。もちろん個々の論者の差異も小さくはない。オイケンは強い国家を主張していたものの、ナチズムとは距離をとり、フライブルク大学の学長だったハイデガーと対立した。これに対してミュラー＝アルマックはナチ党に入党している。

58 教授就任講義というのは「経済現象を判断する際の、個人的な立場、その意味で「主観的」な立場を公開し、正当化する機会」である、とウェーバーは述べている（MWG I/4-2: 543 = 1982: 37）。出口勇蔵は、この講義を出発点にしてウェーバーの「方法論への出立」を論じている（出口 1943: 3-33）。ウェーバーの教授就任講義と価値自由を結びつける出口の読解はいくぶん強引ではあるが、彼の解釈も価値自由の受容の一つである。

59 ハイエクの「経済、科学、そして政治」の引用に際しては、邦訳の該当ページを付けるが、邦訳は英語（Hayek 2001 = 1967）からの重訳なので、必要と思われる場合には、オリジナルのドイツ語のテクストに準拠して訳し直している。

60 もちろんここでの「交換的正義」の説明は、ハイエクの理解を基礎にして、市場原理に強く結びつけられている。アリストテレスの場合は、当事者の交渉の前後での利益と損失の整正ないし矯正という、より広い意味で、この正義が論じられている（アリストテレス 1971: 184-185; 1132b）。

61 アーレントは官僚制を指して「無人支配」（no-man rule）という用語を使う（Arendt 1998: 40, 45 = 2023: 71, 77）。ウェーバーがここで論じている「主人なき奴隷制」は、この「無人支配」とつなげて解釈することができる。いずれの場合も、パーソナルなもの、人格的なものの排除が支配を強化するという論理が特徴である。

62 オイケンとハイエクはともに秩序をキーワードとし、市場競争を強調する。しかし両者には相違もある。前者は後者と異なり、「自生的」秩序という観念を持っていない（Anter 2007: 157）。新自由主義の諸理論を論じる際の一つの論点は、この点をどう評価するかである。

63 これに対して後者、つまりウェーバー的な学問の無力を強調するのが、いわゆるレオ・シュトラウスによるウェーバー批判と呼ばれているものである（Strauss 1971 = 2013）。ただし、シュトラウスとウェーバーの関係はそれほど単純ではない（野口 2019a）。両者の関係については、第6章も参照。

64 この箇所は日本政治学会二〇一九年研究大会の報告原稿（野口 2019b）をもとにし、加筆・修正している。

65 ハイエクはこの箇所を引用して、次のようにコメントしている。「全能の民主主義政府のこの弱点は、非凡なドイツの政治学者カール・シュミットによって実にはっきりと確認されていた」（Hayek 1982: 194-195 = 2008: 264）。シュミットとハイエクの関係については（Scheuerman 2020: chap. 8）を参照。

66 シュミットの論文「中立化と脱政治化の時代」は、同年にマンハイムが書いた『イデオロギーとユートピア』に対する批判的なレビューとしても読める（Schmitt 1996b = 2007）。複数のイデオロギーが同時に併存する状況は、シュミットにとってはまさに「中立化と脱政治化」に他ならなかった。

67

マンハイムは自身が執筆した『社会学辞典』の項目「知識社会学」の抜刷をシュミットに贈っている（Mannheim 1931 = 1973）。シュミットは線を引いてこれを読んだうえで、その封筒の表紙に「政治的なものの概念が欠如している！」（Begriff des Politischen fehlt）と二重線付きで書いている（Mehrling 2017: 124）。シュミットが遺した膨大な資料はノルトライン・ヴェストファーレン州立文書館に保管されている。該当の書簡の整理番号はNachlass Carl Schmitt RW 265-27145である。保守の信条倫理化については、（野口 2011b: 第1章）を参照。

第6章

問われなくなる価値自由

――イーストン、ロールズ、因果推論

受容史の終わり？

ウェーバー自身にとっての価値自由は、価値がさまざまあり、相互に一致しないという認識を基礎にしていた。これまでさまざまな受容をみてきたが、とりわけ前章で扱ったハイエクら、新自由主義者たちが理解する価値自由では、諸価値が相剋《そうこく》するという政治的な性格が除去されていた。

価値自由を理解する際に、政治的性格を欠落させるという傾向は、新自由主義の経済学者に特有のものではない。同様の傾向は、戦後アメリカ政治学でも確認できる。本章では、主として戦後アメリカ政治学を牽引《けんいん》したデヴィッド・イーストン（David Easton, 1917-2014）と規範的政治理論のジョン・ロールズ（John Rawls, 1921-2002）を中心に、この傾向について考えてみたい。

近年の政治学、とりわけ方法論的研究で、ウェーバーの価値自由が論じられることはほとんどなくなっている。その意味では価値自由の受容史はそろそろ終焉ということになるのかもしれない。価値自由の受容史の終焉は、今述べた政治性の欠落とおそらく深く結びついている。本章が扱うのはこうしたテーマである。

戦後アメリカ政治学のウェーバー受容

マックス・ウェーバーはその没後、ドイツでは急速に忘却されていく。このことはすでに述べた。第二次世界大戦後も、しばらくの間はそれほど状況の変化はなかった。

生前のウェーバーと付き合いのあった西ドイツ初代大統領のテオドール・ホイス（Theodor Heuss, 1884-1963）が、ときどきウェーバーの名前を出すことはあった。彼はウェーバーの『政治論集』第二版にエッセーを寄せてもいる（Heuss 1958 = 1982）。また、哲学者のカール・ヤスパースも基本的には変わらずウェーバーをリスペクトし続けていた。アーレントとの書簡には、しばしばウェーバーが登場する（Arendt/Jaspers 1984: 695-697 = 2004:（3）227-229）。しかしそれでも、『戦争罪責論』（戦争責任論）など（Jaspers 1947）、第二次世界大戦後に執筆した著作で、彼がウェーバーについて論じることはほとんどなかった。

忘却という表現は、かならずしも適切ではないかもしれない。ウェーバーの著作からナチズムへと至る放物線を思い描きながら、彼の思想に対して警戒感を持ち続けていたというほうが、より正確な記述ということになるだろう。歴史家ヴォルフガング・J・モムゼンの大著『マックス・ウェーバーとドイツ政治』（初版、一九五九年）は、戦後西ドイツのウェーバー研究の出発点となった著作である。しかしその基調にあるのは、自然法の観念を相対化するウェーバーの政治理論への強い警戒感であった（Mommsen 1974: XI = 1993: 9）。

これに対して、戦後アメリカのウェーバー受容の様相はずいぶん異なっていた。アメリカ政治学では、ドイツからの亡命知識人によって、ウェーバーの著作が紹介された。ワイマール共和国の高官で、アメリカ移住後、ニュースクールで教え、戦後は西ドイツ基本法の起草にも関与したアルノルト・ブレヒト（Arnold Brecht, 1884-1977）、リアリズムの国際政治学者ハンス・モーゲンソー（Hans Morgenthau, 1904-1980）、カール・シュミットの弟子で、「包括政党」（キャッチ・オール・パーティ）テーゼで知られる政治学者のオットー・キルヒハイマー（Otto Kirchheimer, 1905-1965）[68]、ナチズムの支配についての古典的研究『ビヒモス』（一九四二年）の著者で（Neumann 2009 = 1963）、法学者のフランツ・ノイマン（Franz Neumann, 1900-1954）ら、ドイツ出身の研究者がアメリカの政治学の世界にウェーバーを伝えた[69]。

デヴィッド・イーストン

ウェーバーの偉大さは理論的フレームワーク、膨大なデータの処理、そして学者の政治的責任意識のユニークな組み合わせにある、とノイマンはいう。そしてそのうえで、彼は母国ドイツでのウェーバー受容について次のように述べている。

ドイツの社会科学は、議論を方法論にほぼ集中させることで、ウェーバーを実質的に破壊してしまった。これがドイツの社会科学に特徴的なことでした。ウェーバーは実証研究を要求したし、社会に対する学者の責任を主張したが、これのいずれも顧みられることはなかった。ウェーバーが真に生き返ったのは、ここ、つまり合衆国でした（Neumann 1953: 22）。

ドイツでの方法論研究というのは、すでに言及したエーリヒ・フォン・カーラーや、アレクサンダー・フォン・シェルティング（Alexander von Schelting, 1894-1963）の研究などを指していると思われる（Schelting 1922 = 1977）。第3章で論じたように、一九三〇年代の日本では、方法論の著作が注目され、立て続けに日本語に翻訳された。これに対してアメリカの受容は、ずいぶん異なる方向に展開していった。官僚制、政党組織、レジティマシー、リーダーシップなど、ウェーバーの「政治社会学」的な概念やアプローチが積極的に受容された。逆の言い方をすれば、方法論への関心は、当初のアメリカのウェーバー受容では、それほど高くはなかった。合衆国のもっとも包括的なウェーバー研究となったラインハルト・ベンディクス（Reinhard Bendix, 1916-1991）の『マックス・ウェーバー――知的ポートレート』（一九六〇年）も、ウェーバーの方法論は「彼の経験科学的な研究への適切な手引きにはならない」という前提から出発している（Bendix 1977: xlviii = 1966: 6）。

アメリカのウェーバー受容で方法論への関心が低かったのは、橋渡し役となった亡命知識人の関心の偏りのせいではない。同時代のドイツ語の文献をまったく読んでいなかった、ということは考えられないので、ウェーバーの方法論をめぐる議論状況を、彼らが知らなかったはずはない。例えば、アルノルト・ブレヒトによって英語で書かれた教科書の『政治理論』（一九五九年）では、価値相対主義との関連で、ウェーバーの方法論、とくに価値自由が詳しく論じられている（Brecht 1970: 221-231）。どちらかというと、方法論への関心の低さは、受容する側のアメリカの知的な雰囲気のほうに原因があると考えるべきである。

方法論を論じるということは、それまで当たり前に行われてきたことの当たり前さを問うということでもある。社会の共通了解が動揺し、それに対する根本的な考察が必要になれば、学問のあり方も問い直される。初期アメリカのウェーバー受容で、方法論への関心が低かったということは、共通了解の動揺やそれに対する懐疑が比較的弱かったということでもある。資本主義とデモクラシーへの信頼が安定して存在しているところで、深刻な方法論的な問い直しが求められることはなかった。

冷戦の終焉直前のアメリカでベストセラーになったアラン・ブルームの『アメリカン・マインドの終焉』では、ドイツとアメリカのズレについて次のように書かれている。

もしも価値相対主義が真実であり良しとされるなら、価値相対主義がわれわれを魂のきわめて暗い領域と、きわめて危険な政治的実験へ追いやることは、明らかである。しかし、魔法にかけられたアメリカの土壌には、〔ウェーバーその人が抱いていた〕このような悲劇的感覚を容れる場がほとんどない。〔…〕パーソンズに認められるのは、ウェーバーの凡庸化（routinization）である。価値への洞察が三〇年ないし四〇年前にドイツで惹き起こしたような真の影響を合衆国でもち始めたのは、ようやく六〇年代になってからである（Bloom 1987: 150-151 = 1993: 158）。

「科学としての政治学」を標榜してきたアメリカ政治学では、事実の重視は当初から自明の前提であった。しかし、実証主義への強い志向にもかかわらず、事実と価値の分離を要請するウェーバーの価値自由はさほど関心を集めなかった。その必要がなかったというほうが適切かもしれない。このような状況が変化してきたのは一九六〇年代だった、とブルームはいう。この時期に何が起こったのか。本章では、まさにこの時代の転換に立ち会った、アメリカの代表的な政治学者であるデヴィッド・イーストンに注目し、彼のウェーバー受容を検討する。

イーストンと脱行動論

イーストンはいわゆる政治システム論で有名な、カナダのトロント出身の政治学者である。

一九五三年に刊行された彼の『政治システム』(邦題は『政治体系』)は、当時の自然科学の方法をモデルとする、いわゆる行動論(behavioralism)の政治学の代表的な研究書として知られている。行動論という表現は今日ではあまり使われなくなっているが、この当時はよく用いられていた。米ソ対立を背景として、社会科学(social science)という用語が社会主義と誤解されることがあった、というのが一つの理由であった。もちろん、これはかなり粗野な誤解である。しかし、両者の混同が、フォード財団などが提供する研究助成の獲得に影響を及ぼす可能性がないわけではなかった(Easton 1965: 12 = 1968: 21)。

政治システム論の構築と並んで、イーストンにはもう一つの功績がある。一九六九年のアメリカ政治学会での会長講演「政治学における新しい革命」がそれである。彼はここで、自分も含めた行動論を批判する研究動向である「脱行動論革命」に共感を示し、その意義を高く評価した。この会長講演は、アメリカ政治学史関連の文献でかならず言及される歴史的テクストになっている。そして「学問と政治」について考えようとするとき、このテクストは今日でも興味深い内容を含んでいる。

イーストンは脱行動論革命について論じた会長講演を、一九七一年の『政治システム』第二版の「エピローグ」に組み込み、さらにこれに加えて「政治分析における連続性——行動論と脱行動論」という章を入れている。こうして『政治システム』第二版は、行動論革命と脱行動論革命という二つの動向を内包した作品ということになった。

今日の政治学では、イーストンは「社会に対する諸価値の権威的配分」という政治の定義の発案者として出てくる程度で、もはや政治学史上でしか重要でない政治学者という評価が一般的かもしれない[70]。インプット・アウトプット・フィードバックからなる彼のシステム論に、失望した経験を持つ政治思想系の研究者も少なくない（中金 2000: 283）。

それにもかかわらずここでイーストンを取り上げるのは、彼の『政治システム』が、ウェーバーの価値自由の受容史にとって、とても興味深い著作だからである。行動論的政治学では、自然科学をモデルにして、そのような意味での value-free な学問が志向された。そしてこうした研究動向を批判した脱行動論で問題にされたのは、まさにこうした「行動論者の value-free な素ぶり」であった（McCoy/Playford 1967: 75）。『政治システム』で展開されたイーストンによるウェーバーについての議論は、まさにこの問題にかかわっている。

ウェーバの価値自由についての、イーストンの解釈を検討する前に、まずは『政治システム』についての最低限の復習をしておきたい。

行動論には、「政治学の科学化」などのレッテルが貼られてきた。このようなラベリングは、当然、理念や思想ではなく、事実やデータを重視する実証的な理論を連想させる。しかし、本書でイーストンがまず克服しようとするのは、ナイーブに事実を強調する事実主義である。彼はジェームズ・ブライス（James Bryce, 1838-1922）の古典的な研究『近代民主政治』から次の一節を引用する。

> 必要なのは事実である。事実、事実、事実（It is Facts that are needed: Facts, Facts, Facts）。事実が提供されれば、私たちはそこから推論することができる（Bryce 1921: 13 = 1954: 26）
> （Easton 1971 : 74 = 1976 : 76）。

イーストンはこのような考え方を「ハイパー事実主義」（hyperfactualism）と呼ぶ。そして「事実にもとづかない理論は、有能な船長を乗せた竜骨〔船の背骨〕の折れた船のようなものかもしれない。しかし、事実収集への先入見が、事実を、その理論的な意義のうちに捉えるエネルギーまで吸いとってしまうときには、事実研究の究極的な価値そのものが失われてしまう」と述べる（Easton 1971 : 78 = 1976 : 80）。

こうした認識の点で、イーストンは完全にウェーバーと一致している。事実は一定の観点に関係づけられてはじめて事実として浮かび上がる。すでに何度も述べたように、ウェーバーも価値関係という用語によって、このことを強調した。裸のファクトは存在しない。「事実をして語らしめる」ことはできないし、してはならない。あたかもサーチライトに照らし出された物質のように、事実はある特定の観点との関連で事実になる。事実の理論負荷性を強調する点で、ウェーバーとイーストンにはほとんど違いはない[71]。

行動論者のイーストンが脱行動論を唱えた当時の若い研究者からの異議申し立てに対して肯

定的な反応を示したことは、すでに述べた。彼がこうした異議申し立てに対してそれほど慌てなかった理由の一つは、おそらくここにある。脱行動論者に指摘されるまでもなく、イーストンにとっても、研究の有意性（relevancy）はつねに問われるべきものであった。

脱行動論革命の代表的な著作としては、論文集『非政治的政治学』（*Apolitical Politics*）がよく知られている（McCoy/Playford 1967）。ここにはピーター・バクラック（Peter Bachrach, 1918-2007）とモートン・バラッツ（Morton S. Baratz, 1924-1998）の権力論などが掲載されている。

イーストンはアメリカ政治学会会長講演で、この論集とともに、フランクフルト学派の哲学者ヘルベルト・マルクーゼ（Herbert Marcuse, 1898-1979）の『一次元的人間』の第四章「言説の世界の閉塞」に言及している。ここでマルクーゼはテオドール・アドルノ（Theodor W. Adorno, 1903-1969）の論文から「現にあるものの容認――既成の事態の圧倒的な力に服する行動のモデル――以外には、なにもイデオロギーとしては残らない」という一節を引用して（Adorno 1972: 477）、このような思考を「イデオロギー的経験主義」と呼ぶ（Marcuse 2002: 123 = 1974: 138）。自然科学をモデルとした政治学は、自らの観点を忘却し、非人間的で抑圧的な現実を「ポジティブ」なものとして理論的に説明する。そしてそうすることによって、この現状を学問的にレジティメーションしていく。マルクーゼはここに批判の目を向けた[72]。

危機の一九三〇年代にドイツで始まった「批判理論」（Kritische Theorie）のことを多少なりとも知っていれば、こうした議論はとくに新鮮にはみえないであろう。しかし、フランクフルトから多くの亡命知識人を受け入れてきたにもかかわらず、一部の例外を除いては、当時のアメリカのレジームを「イデオロギー」的なものとして把握しようとする研究は、このときまでは多くはなかった。

この傾向はウェーバーのテクストの受容とも関連してくる。すでに述べたように、アメリカでは、ウェーバーの政治社会学的な概念が精力的に受容されていた。しかし、方法論の受容は限定的であった。ウェーバーの方法論を通じて、現秩序の基礎を問い直すという方向には、研究は進展していかなかった。

イーストンは『政治システム』の第二版で次のように述べている。

ウェーバーは二〇年ほど前〔『政治システム』の初版が刊行された一九五〇年代〕にはアメリカ政治学にとって権威的な意味をもっておらず、かれの著作はこんにちのように広く読まれるようになっていなかった（Easton 1971 : 360 = 1976 : 370）。

第3章でも述べたように、ウェーバーの主要著作のダイジェスト版の翻訳*From Max Weber*は、ハンス・ガースとライト・ミルズによって一九四六年に刊行されており、ウェーバーの方法論的な著作についても、エドワード・シルズとヘンリー・フィンチによって翻訳され、一九四九年に*The Methodology of the Social Sciences*が出ている。しかし、これらの著作がアメリカの知的世界でクリティカルな意味を持つのは、黒人の公民権運動などの人種問題、エコロジーの問題、そしてベトナム戦争の泥沼化に直面した、一九六〇年代後半の危機の時代になってからであった。

『パワー・エリート』(Mills 1956 = 2020) などの著作で知られる、アメリカの社会学者のライト・ミルズは、ウェーバーの英訳者でもあった (Weber 1946)。彼が死去した年の翌年に、著作集『権力・政治・人民』が刊行された (Mills 1963 = 1971)。この著作集も、ウェーバーへの注目を高める一因になったかもしれない。

政治思想家のシェルドン・ウォーリン (Sheldon Wolin, 1922-2015) が論文「使命としての政治理論」(Political Theory as a Vocation) を書いたのも一九六〇年代後半である (Wolin 1969 = 1988)。ここでウォーリンは行動論の方法主義に対する批判を試みている。この目的のために彼はマックス・ウェーバーに立ち帰り、「叙事詩的理論家」(epic theorist) について論じている。叙事詩的というのは、要するに、既存のパラダイムを転換するような「スケールが大きい」ヴィジョンを示すというくらいの意味である。たしかに、一定の方法論に準拠すれば、その方法論で扱えない問題に取り組むことは難しくなる。危機の時代には、既存の方法論を超えるヴィジョンを描くことが必要とされる。ウェーバーの方法論的な著作がアメリカで再発見されたのは、こうした文脈であった。

イーストンは行動論的な研究の中心であったシカゴ大学に所属し、関連する諸分野の研究者とともに「行動論に関する委員会」のメンバーとして、このパラダイムにコミットしていた。したがって、彼のアメリカ政治学会会長講演「政治学における新しい革命」は、もちろん自己批判的な意味を持っていた。しかし、脱行動論革命はイーストンのそれまでの研究の撤回をもたらすことはなかった。すでに指摘したように、彼は『政治システム』の初版の時点から、素朴に事実を集めるだけでこと足れりとする「ハイパー事実主義」（事実至上主義）を批判しており、事実の理論負荷性をよく認識していた。脱行動論者は「研究は没価値的または価値中立的でありうるという神話」（myth that research can be value-free or neutral）を告発したが、実は観点を忘却した政治学研究を否定する点では、イーストンも彼らとまったく異なるところはなかった（Easton 1971：338＝1976：347）[73]。そしてもちろんこの点で、彼はウェーバーとも連続している。

しかしながら、ウェーバーとイーストンの間には大きな違いもある。ウェーバーがさまざまな価値が存在し、それらは相互に対立するという「神々の闘争」を前提にして事実と価値の峻別を論じていたとすれば、イーストンが目指していたのは、さまざまな要素の相関関係を一貫して説明する政治システムの「一般理論」（general theory）の構築であった。

ウェーバーは「価値命題は、事実判断が検討される同じプラットフォームから導出されるべきではない」という「一つの倫理的立場」を打ち出す。イーストンは以上のように価値自由を要約したうえで、次のように述べる。

結論を擁護するのも否認するのも、価値選好（value preference）を根拠にするしかない。ウェーバーはこのことを認めた最初の人である。ウェーバーの処方は異常な状態を生み出した（Easton 1971: 358-9 = 1976: 369）。

ここで「異常な状態」という表現でイーストンが考えているのは、価値判断が「学問の権能」の外に置かれてしまい、大学で価値判断をめぐる肝心な問題が議論できなくなるという事態である。価値判断にはさまざまなものがありうる。こうした価値判断の多様性を放置し、価値判断の問題を大学での学問の領域の外に出してしまったら、そこに生まれるのは混沌《こんとん》とした、倫理性の欠如した学問世界ではないか。イーストンが「一般理論」にこだわり、この探究を課題としたのは、ウェーバーによって明るみに出された「異常な事態」を克服する必要があると考えたためであった。

しかしながら、第3章で示したように、ウェーバーの価値自由には、相互の価値を突き合わせる価値討議が含まれる。観察主体が相互に価値を突き合わせて、その意味についてリフレクション（反省）するという作業がなされたからといって、いずれの価値を選ぶべきかという問いに対して一義的な答えは出てこない。それでも、価値討議のプロセスは少なくとも「異常な状態」ではない。イーストンはこの点を完全に見逃している。しかしこの見逃しも含めて、イーストンによる価値自由の理解は、ウェーバーの受容史の全体からすると、一つの標準的な類型に入る。

政治思想史の研究者の藤原保信（一九三五〜一九九四）は、行動論的な政治学には基本的に否定的な立場をとっていた。しかし、ウェーバーの理論の基礎に「価値のアナーキー」を確認し、これを克服しようとする点では、彼とイーストンには通じるものがあった。藤原は「二〇世紀の政治理論」のビッグネームの一人としてイーストンを取りあげ、その一般理論について次のように述べている。

> イーストンがみずからの仕事として意識しているのは、政治現象の実証的な分析であるよりも、そのための概念枠組み、すなわちそのうちに政治学の対象をすべて包摂しつつ、そこにおける重要な変数とそれら相互の関係を示しうるような一般理論の構築にあったのである（藤原 1991: 177）。

同様の問題関心は、イーストンとはまったく性質の異なる、同時代の政治学者にも見いだすことができる。一九五二年、『政治システム』の初版の前年に、亡命知識人のエリック・フェーゲリンによる『新しい政治学』が刊行された。この本の出発点も、ウェーバーの相対主義に対する懐疑であった。「政治学は政治的な知識人の怪しげな妄想の弁護」に成り下がろうとしている、と彼は危惧の念を表明した（Voegelin 1952: 17 = 2003: 31）。フェーゲリンはここから、ウェーバーが視野に入れながら、それ以上は先に進まなかった研究領域に向けて、彼の「新しい政治学」のプロジェクトを開始した。

システム（体系）による価値の相剋の封じ込め

イーストンの著作と同年に刊行された、政治哲学者レオ・シュトラウスの『自然権と歴史』も、ウェーバーの「価値相対主義」を批判し、その克服を課題としている。同書の第Ⅱ章「事実と価値の区別と自然権」は、もっとも厳しいウェーバー批判としてよく知られている。とりわけ次の一節は、くり返し引用されてきた。

このようなウェーバーの命題〔同格の価値の多元主義〕は必然的にニヒリズムに行きつくと私は主張する。すなわち、あらゆる選好は、それがいかに邪悪、卑劣、狂気じみたものであっても、理性の法廷の前では、他のいかなる選好とも同等に正当なものだと判断されねばならないという見解に必然的に行きつく、と私は主張するのである（Strauss 1971: 42 = 2013: 70）。

本章では、ウェーバーとシュトラウスの関係について立ち入って検討することはしない。[74] ここではむしろ、一九五〇年代前半のアメリカの政治学者がウェーバーの価値自由の克服を共通の課題としていたことを確認しておきたい。もちろん、フェーゲリン、イーストン、シュトラウスが目指した方向性はかなり異なる。しかしそれでも、ウェーバーが前提とする価値概念の無制限の多元性と統制不可能性を問題にする点で、彼らは共通していた。

このような問題関心から、イーストンは彼の政治システム論を展開していく。ウェーバーが論じたさまざまな価値の関係をシステムに定位させることで、彼は観点しだいで異なる世界が立ち現れるという不安定な事態を抑制しようとした。

諸価値の混乱に対抗してシステム（体系）を語る点で、意外かもしれないが、イーストンはウェーバーの時代の新カント派の哲学者リッカートに近づいていく。第1章で論じたように、ウェーバーと違ってリッカートは諸価値を一つの体系（システム）に位置づけることに最後までこだわった。

システム論の理論展開は、当然のことながら、価値自由の問題圏を無意味化していく。問題はシステムであり、事実と価値の質的差異や相互の峻別ではなくなる。同様のことは、社会学者のタルコット・パーソンズ（Talcott Parsons 1902-1979）にもいえる。パーソンズはハイデルベルクに留学し、ウェーバーの著作の翻訳も手がけた（Weber 1930; 1947）。初期の大著『社会的行為の構造』では、ウェーバーの著作を丁寧に検討してもいる(Parsons 1937 = 1974-1989)。しかし、パーソンズはここで価値自由を主題にはしなかった。[75] 彼の関心はもっぱら行為論に向けられた。この理論枠組みでは、事実と価値が異質であるという問題にこだわる理由は乏しかった。

パーソンズの理論世界で価値自由が問題にならないということは、彼の政治理解とも深く結びついている。パーソンズはウェーバーの『経済と社会』を抄訳し、ここに出てくる「支配の諸類型」(Die Typen der Herrschaft) を The Types of Authority and Imperative Co-ordination(権威および命令による調整の諸類型)と訳している (Weber 1947: 324)。もろもろの価値の違いや齟齬《そご》が先鋭化すれば、支配は暴力を伴う強制力の色彩を深めていく。ウェーバーが Herrschaft(支配)というとき、当然のことながら彼はそのような意味を込めている。この言葉の英訳としては domination が用いられることが多い。しかし、ウェーバーはレジティメートな支配を論じているのだから、彼の用語としての Herrschaft は権威であり、「命令による調整」であるという解釈に、パーソンズは固執した。[76]

価値自由を掲げる方法論と支配をめぐる考察は、もちろん別々に論じることができる。しかし、両者にはつながりがある。価値の対立を深刻に受け止めるほど、事実と価値の裂け目を無視できなくなり、同時に政治における強制力の契機が前面に出てくる。

パーソンズにしても、イーストンにしても、システム論的なウェーバー受容では、価値の相刻はシステムの論理によって封じ込められる。このため、権力や支配の問題も深刻には受け止められない。すでに述べたように、イーストンは政治を「社会に対する諸価値の権威的配分」と定義した。この有名な定義には、価値の深刻な対立と暴力の影は薄い。アメリカの社会科学でのシステム論の隆盛、そしてシステムによるウェーバーの理論の克服の試みは、以上のような前提のもとで可能となった。

ロールズによる規範の導出

ジョン・ロールズ

一九六〇年代後半の危機の時代に、現状保守的な政治学の前提は問い直しを迫られた。アメリカ政治学史についての定番の説明では、一九七一年に刊行されたジョン・ロールズの『正義論』が一つのターニング・ポイントになったとされることが多い。ここから規範理論の復権の動きが始まる。そして今日でも、私たちはなんらかの形で「ロールズ以後」のパラダイムで、ものを考えている。

もちろん本書で考察するのは、こうした動向の全体ではなく、ウェーバーの価値自由に関連するかぎりでのロールズの政治理論である。

ロールズとウェーバーのつながりは基本的にはほとんどない。しかし、価値の多元性についての認識という点では、両者は思いのほか近くにいる（Lassman 2004）。すでにくり返し論じてきたように、ウェーバーが価値自由を論じるのは、現実を記述する際の観点が複数あり、どれか一つの観点が観察者全員によって共有されていないからである。共通の観点が確保されていない、つまりさまざまな価値が存在し、理性によって決着がつけられない状態でそれらが並存しているからこそ、ウェーバーは事実と価値の混同を問題にした。この点に関連して、ロールズも次のように述べている。

近代のデモクラティックな社会の特徴は、たんに包括的な宗教上、哲学上、道徳上の世界観の多元状態ではなく、相容れずとも理にかなった（穏当な）包括的な世界観の多元状態なのである。そうした世界観の〔どれか〕ひとつを、市民一般が肯定・擁護するということはない（Rawls 1993: xvi = 2022: xiv）。

「包括的な世界観の多元状態」を重く受け取り、それらは「理にかなっているが相容れない」と認識する点で、ロールズはウェーバーとそれほど変わらない。しかしながら、ウェーバーが価値の多元性を重くみることから価値自由を要請したのに対して、ロールズが価値自由を論じることはない。身も蓋もない言い方をすれば、ロールズは規範的政治理論の研究者であり、経験科学的な社会学者のウェーバーとは異なるということになるだろう。

しかし、『正義論』の段階でのロールズによる規範の導出は、事実と価値の問題と無関係ではない。周知のようにロールズは、無知のヴェールをかけられた原初状態から出発して、いわゆる正義の二原理、とりわけ最も恵まれない人びとに最大の利益を付与することを条件に不平等を許容するという「格差原理」を導き出す。このとき用いられたのが、最悪のもののなかで最もマシな選択肢をとる、というマキシミン・ルールであった。このルールによると「〔予想される〕最悪の結果が、他の選択候補がもたらす最悪の結果よりも優れている選択候補を私たちは選択しなければならない」(Rawls 1999a: 133 = 2010: 208)。マキシミン・ルールのもともとの出自はゲーム理論であり、それはアクターの合理的選択の理論として考案されたものであった。

ロールズ研究ではよく知られているが、彼はのちにマキシミン・ルールを撤回し、カント的構成主義を前面に押し出すことになる。価値自由の受容史研究である本書では、この展開の詳細を追う必要はないだろう。ここで確認しておきたいのは、ロールズがそこから正義の二原理を導出する原初状態は、生の現実ではなく、理論的に抽象化され、ノイズを除去された人工的な現実であるということである。

人びとを反目させ、自分だけの利益になるように社会的・自然的状況を食い物にしようとする気を人びとに起こさせる、特定の偶然的要因（contingencies）の影響力を、なんとかして無効にしなければならない（Rawls 1999a: 118 = 2010: 184）。

以上のような理論的関心からロールズは、注意深く初期設定を行う。無知のヴェールとマキシミン・ルールによって、複数の正義の原理が乱立し、正義をめぐる混乱状態に陥る危険性を、彼は回避する。

事実と価値を峻別し、その混同を戒めるという価値自由の原則からすれば、この規範導出の仕方には疑いの目が向けられる。自らの理論にとって都合がよい想定を原初状態に読み込んだうえで、合理的な人間であれば、当然そのような選好を持つはずだ、という形で議論が展開される。こうした理論は、洗練されてはいるが、それだけずるいともいえる。

社会学者の盛山和夫《せいやまかずお》（一九四八〜）は、ロールズの規範導出を検討した論文で、次のように述べている。

ロールズの『正義論』とは、結局のところ「われわれが日常的に受け入れていたあるいは受け入れる用意のあった規範的判断」を、原初状態という理論装置で〈理論的に〉導き出すことができるかのように見せかけることに成功した議論であった（盛山 2018: 16）。

もっとも、ロールズの側からすれば、事態は異なってみえるだろう。ウェーバーのようにさまざまな価値の存在を承認して「神々の闘争」を引き受けるだけでは、政治世界は対立と暴力とカリスマによって構成される不確実性のあまりに高い状態になってしまう。ロールズはこのようなウェーバー的な政治世界を克服しようとする。

価値の多元性に関連して、ロールズはイギリスの哲学者・思想史家のアイザイア・バーリン(Isaiah Berlin, 1909-1997)とともに、ウェーバーに言及している(Rawls 1999b: 462-463)。[77] しかし、「バーリンとウェーバーの相違は著しい」という。[78] バーリンにとっての「価値の領域は完全に客観的」であるが、これに対してウェーバーの理論が依拠しているのは、ある種の「価値の懐疑主義と主意主義」(value skepticism and voluntarism)である、というのがロールズの整理である。[79] 要するに、ウェーバーは行為者の主観的なコミットメントに重きを置きすぎている、ということであろう。

アイザイア・バーリン

このような状況に屈服したくなければ、ウェーバー的な世界からの離脱を試みなければならない。規範導出の仕方について、ロールズの理論のお膳立てを批判することは不可能ではない。しかし、そもそもウェーバーの立場のほうが疑わしいという言い方は十分可能である。

ウェーバーとロールズは同じく価値の多元性を強調する。しかし、それに対する構えはかなり異なる。前者は、バーリンとともに、さまざまな価値が相互に矛盾していて悲劇的な葛藤を生み出す局面に関心を持ち続けた（Larmore 1987: 38-39）。こうした局面は経験しないですむなら経験しないほうがよい不幸な出来事ではなく、人間としての人間にとって、もっとも重大な瞬間である。このような確信が、ウェーバーの思想全体の基礎にはあった。これに対して、同じく価値の多元性を論じていても、ロールズにはこのような「悲劇的なもの」への関心はほとんどない。ロールズの研究者がしばしばウェーバー的な（不毛な）「神々の闘争」をいかに克服するか、という形で問題を定式化するのは、この意味でとても自然である。しかし、この克服が好ましいのかどうか。これはまた別の問題ということになる。

もちろん、ここはウェーバーとロールズの理論的な立場の優劣を決める場ではない。確認すべきは、価値の悲劇的な葛藤を重く受け止めるがゆえにウェーバーがこだわった価値自由の問題が、ロールズの著作には出てこないということである。ウェーバーがこだわったような問題関心で、ロールズが事実と価値の異質性を問うことはなかった。むしろ彼はこの段差をなくそうとした。そしてもちろん今日の政治学者は、泥臭いウェーバーよりも、スマートなロールズの側で思考する傾向にある。

因果推論とバイアス

一九九〇年代から、政治学研究の領域で方法論をめぐる議論が盛んになり、多くのテキストや研究書が刊行されている。方法論は学問的な研究の自己省察である。学問としての政治学を時事放談から区別する基準を提供するのが方法論ということになる（MWG I/17: 82 = 2018: 33）。今日、政治学の方法論への意識が高まっているのには、リサーチ・メソッドの高度化・多様化が進んでいるという状況がある。

方法論のテクストとしては、ゲアリー・キング（Gary King, 1958-）、ロバート・コヘイン（Robert Keohane, 1941-）、シドニー・ヴァーバ（Sidney Verba, 1932-2019）の三人による『社会科学のリサーチ・デザイン』がとりわけよく知られている。著者の頭文字からＫＫＶと呼ばれているテクストである。観察されたデータから因果関係を明らかにする因果推論（causal inference）を重視する点で、定量的研究と定性的研究には共通するものがある、と彼らは考える。このため彼らは両者を分断するのではなく、むしろ両者に共通する推論のルールを明らかにしようとする。

ＫＫＶも含めて、近年の方法論研究の展開については、もちろんさまざまな議論がありえる。

政治学の研究は因果推論に限定されるわけではない。とりわけ政治思想史系の研究者からすると、そのような限定が政治学を制約することに対する危惧は大きい（河野 2019）。

しかし、政治学のみならず社会科学全体で、原因と結果の関係をどうとらえるかが、最重要の問題に属することは否定できない。素朴な問いから専門的に洗練された問いまで、多くのリサーチ・クエスチョンは因果性にかかわる。政治学の方法が因果推論に収斂《しゅうれん》するわけではないとしても、因果推論についての最低限の知識を持っておくことは、不毛な思い込みや混乱を回避するために必要なことである。

ここではもちろん、近年の政治学方法論で進む「因果推論革命」について詳しく論じることはできない（粕谷 2018）。そもそも私にはそのような準備はない。そうではなくてむしろここで注目したいのは、『社会科学のリサーチ・デザイン』をはじめとする、近年の方法論の研究では、価値自由が論じられなくなっているという点である。価値自由という言葉自体が、ほぼ完全に消えている。かつての政治学の教科書では、ウェーバーの価値自由や、経験的分析と価値判断の関係についての記述が冒頭に置かれていることが多かった（高畠 1984: 13）（佐々木 1999: 12-14）。しかし、今日そのような記述はほとんど見当たらなくなっている。

「いつまでもウェーバーではないだろう」というのはよくわかる。政治学の研究は進展している。そのなかで定番や古典の地位を失う理論家や著作が出てくるのは当然である。しかしそれでも、政治学研究の発展に内在する傾向が、価値自由を問わない方向に向かっているとすれば、その理由と意味について考えてみる必要はあるだろう。

スコットランドの哲学者ヒューム（David Hume, 1711-1776）の名前を出すまでもなく、因果関係の確定は実は容易ではない。要素間に相関関係が認められても、多くの場合、それは因果関係とはいえない。こうしたなかで、最近の政治学で注目されているのが、反事実ないし反実仮想（counterfactual）である。この考え方によると、Aさんが一定の治療（ないし介入）を受けた場合の結果（Y1）とそうした治療（ないし介入）を受けなかった場合の結果（Y0）の差に注目すれば、因果関係が明らかになる。因果関係が存在するといえるのは、他の条件を変化させずに、独立変数の値だけを変化させたときに、従属変数の値がそれに応じて変化する（因果効果が生じる）場合だからである。

しかし、個別事例の反事実を実際に観察することはできない。血圧を下げるクスリを服用するAさんとそのクスリを服用しないAさんを同時に観察することができれば、効果を正確に検証することができる。しかしもちろん、Aさんは一人しかいない。二人の同一のAさんを確保することは不可能である。Aさんがクスリを飲めば、そうした介入を受けた結果（Y1）はわかる。しかし、介入を受けなかった場合の結果（Y0）という「もしも」の結果、つまり反事実ないし反実仮想的結果はわかりようがない。降圧薬を飲まないときの反応を確認し、三日後に降圧薬を飲んで反応をみるということは、もちろんありえる。しかし、たとえ同一人物であったとしても、睡眠時間や食べたもの、パートナーの機嫌など、そこにはさまざまな異なる要因が入ってきてしまう。「因果推論の根本問題」（Fundamental Problem of Causal Inference）と呼ばれる問題がこれである。比較を通じて、因果関係を明らかにしようとすると、私たちはどうしてもこの問題に直面せざるをえない。

この根本問題をクリアするうえで、今日もっとも有力とされているのが、ランダム化比較試験（Randomized Controlled Trial, RCT）である。この実験では、被験者をランダムに二つのグループに割り当てて、介入の効果を測定する。例えば、無作為にクスリを服用した被験者グループとプラセボ（偽薬）を服用したグループに分け、一定期間後に疾患の発症率を比較するという方法である。このときランダムであることがきわめて重要である。クスリを服用する、つまり介入を受けることを希望するかどうかでグループを形成すると、健康への意識など、測定できない要因が結果に及ぼす影響が識別できないからである。

もちろんいつもRCTが可能なわけではない。このような場合には、なんらかの事情で実験のような設定が生じた状況を利用する自然実験などの方法がある。しかし、ここではこれらの詳細に立ち入る必要はないだろう。本書の問題関心から注目したいのは、RCTにあっては、基本的に研究主体の価値が問題にされることはないという点である。このため、ウェーバーが価値自由について論じたように、事実と価値の区分が論じられることはない。有意味な比較を行うために、ランダムにグループ分けするという作業で、研究者の価値を自覚化することは、主要な課題にはならない。研究者が持っている価値に代わって注目されるのが、バイアスである。データの収集や分析の際に生じる誤差や偏りをいかに除去、ないし統制するかに注意が向けられる。

研究主体の価値とバイアスには、たしかに重複する部分がある。しかし、ウェーバーの価値自由論では、価値がその多様性の尊重という前提のもとで語られるのに対して、今日の政治学で論じられるバイアスは、可能なかぎり取り除かれるべきものである。この点で、ランダム化比較試験はロールズの原初状態と連続している。後者の場合も、無知のヴェールによって「人びとを衝突させ各自の偏見に操られるのを許容する、種々の偶然的要因に関する知識が閉め出される」(Rawls 1999a: 17 = 2010: 27)。

学問の名のもとで価値の問題が蔑《ないがし》ろにされることを、ウェーバーは批判した。これに対して近年の因果推論型の研究では、バイアス・フリーな、中立的研究が求められる。そして実際、方法論のテクストでは、「中立的」ないし「非イデオロギー的」という意味での科学的性格が強調されている。価値自由ないしウェーバー的な問題関心が考慮されなくなる程度に応じて、科学の非党派性・中立性への信奉はそれだけ強くなっているようにみえる。

こうして政治学の方法論のテクストから、ウェーバーの価値自由の紹介が消える。事実と価値を区別しようとすると、価値の設定の仕方に応じて、複数の世界解釈が生じてしまう。このような事態は、今日の政治学では回避される。

ウェーバーと反実仮想

もっとも、政治学の方法論の文献で価値自由が論じられなくなっても、ウェーバーの名前が完全に消えたわけではない。『社会科学のリサーチ・デザイン』では、反事実的分析の説明で、ウェーバーの論文「文化科学の論理学の領域における批判的研究」(一九〇六年)が参照されている(King et al. 1994: 10-11 = 2004: 11)[80]。引用されているのは「一つもしくは二、三の「条件」に関して実際とは違った一つの過程を思惟的に構成すること」(MWG I/7: 460 = 1987: 190)という一節である。

ウェーバーは『古代史』(Meyer 1884-1902)で知られる歴史家のエドゥアルト・マイヤー(Eduard Meyer, 1855-1930)の歴史記述の論理を批判的に検討するなかで、次のように論じている。

もし歴史的諸条件の一つの複合体の中で一個の歴史的事実がなかったものと、もしくは実際とは違ったものであったと考えられれば、それはある歴史的に重要な諸関係において歴史的事件の違った経過を生ぜしめたことであろう、というような判断は、それ故なんといっても、あの実際とは違って考えられた事実の〝歴史的意義〟を確証するために重要な価値をもつ判断のように思われる（MWG I/7: 450 = 1987: 181）。

この記述は、近年の方法論研究で主流になっている反事実ないし反実仮想につながる。こうした点をウェーバーの方法論の中心として理解するのは、ＫＫＶを批判して社会科学には「二つの文化」が存在する、と主張するゲイリー・ガーツ（Gary Goertz, 1953-）とジェイムズ・マホニー（James Mahoney, 1968-）の『二つの文化の物語』も同じである。同書では、ウェーバーの論文「文化科学の論理学の領域における批判的研究」が「反実仮想に関する社会科学の研究の原点として、最も広く受け入れられている文献」と評されている（Goertz and Mahoney 2012: 123 = 2015: 141）。

方法論上の立場の違いがあるにもかかわらず、『社会科学のリサーチ・デザイン』も『二つの文化の物語』も、ウェーバーによる反実仮想の研究を因果推論の古典として評価している。この評価は、狭い意味でのウェーバー研究者からは出てこなかった。ウェーバーのテクストを中心に検討してきた、従来のウェーバー研究では、「客観性」論文に特別な意味が付与されてきた。これに対して「文化科学の論理学の領域における批判的研究」には、いくつかの例外を除いて、十分なアテンションが向けられてこなかった。

しかし、事態はずいぶん変わってきた。統計的因果推論への関心が高まることで、ウェーバーと同時代のドイツの生理学者・統計学者で、『確率計算の諸原理』(Kries 1886) の著者として知られるヨハネス・フォン・クリース (Johannes von Kries, 1853-1928) があらためて注目されるようになった。これと連動する形でウェーバーの方法論研究も刷新される。なかでも社会学者の佐藤俊樹(一九六三〜)の『社会科学と因果分析』は大きな反響を呼んだ (佐藤 2019)。佐藤はここで、ウェーバーによるフォン・クリース受容を手がかりにして、ウェーバーの方法論を「知の最前線」につなげることに成功している。

あまりに有名な話ではあるが、かつてイギリスの歴史家E・H・カーは「過去は現在の光に照らされて初めて知覚できるようになる」と述べた。ウェーバーの方法論をめぐる、近年の研究の展開は、この言葉をあらためて思い出させる。

しかし、話はこれだけではない。カーは同時に「現在は過去の光に照らされて初めて十分理解できるようになる」とも述べている (Carr 1990: 55 = 2022: 86)。ウェーバーの理論という「過去」から現代の因果推論の議論を照らし出すと、研究の前提となる観点やその複数性・政治性への意識がかなり弱くなっていることがわかる。現在の見方からすれば、ウェーバーは過剰なまでに対立にこだわっているようにみえる。しかしそれでは、ウェーバーから現代の研究へと至る道筋は「進歩」として語りうるのだろうか。

ウェーバーはフォン・クリースを読み、「適合的因果」や「客観的可能性」を論じた。こうして確率論的な観点がウェーバーの思考に入ってくる。しかし同時に彼は、事実は特定の価値につなぎ留められることで事実になる、という価値関係を強調し、事実と価値を分離すべしとする価値自由を唱えた。

今日、研究者が因果推論に注目するのに伴って、研究者自身の価値に対するアテンションは下がっている。もちろん、佐藤俊樹が正しく指摘しているように、価値自由と統計的因果推論は矛盾するわけではなく、相互に排他的でもない（佐藤 2019: 395）。そしてウェーバーその人は、両者をしっかり保持していた。しかし、現在、価値や観点をめぐる議論はバイアスやノイズを除去しようとする努力に取って代わられ、価値自由は論じられなくなりつつある。[81]

学問と党派性

「政治学は科学たりえるか」という問いを出すときに、そのように問う人はすでに一定の科学観、ないしサイエンス観を前提にしている。もちろん、いかなるものが科学なのかについては、かなりの見解の違いがある。本書の「はじめに」でも述べたように、本書が用いる学問の原語であるWissenschaftは政治科学のscienceよりもはるかに広い意味を持ち、広範囲の人文学的な知を含んでいる。学問とは区別された狭義の科学の場合には、政治的な党派性やイデオロギーに汚染されない知のあり方が模索される傾向にある。この点で、イーストン、ロールズ、そしてＲＣＴの研究者は共通している。

科学は真理を探究するものであり、真理は個々人の特殊な利益や思惑によって歪められてはならないとすれば、党派性を回避する、ないし克服する努力が求められることになる。どのような政治的立場の人をも説得できるような科学こそが科学だという理解は、それ自体として説得的である。

しかし、政治学はそのような意味での科学に限定されないし、される必要はないのではないか。政治の当事者である個々人の実践に結びつく知識や思考を提供することも、政治学の仕事に含まれる。個々人の実践というのは、複数のさまざまなオピニオンが存在する世界で、自らのオピニオンを形成し、それを吟味し、他のオピニオンと折り合いをつけていく行為を指す。ここは党派性のない世界ではなく、なんらかの仕方で党派性と付き合わなければならない世界である。さまざまなオピニオンが存在し、ときにはオピニオンの間のえげつない食い違いが生じ、「みんな」を拘束する決定をめぐって激しい論争が起こる。政治にはこのような局面が不可避的に存在する。そうであるとすれば、政治学的な知は党派性を徹底して克服するだけでなく、それぞれの党派的な観点を保持しつつ、そのうえで政治的判断を形成することに資するものでもなければならないはずである。少なくともそのような、いくぶん泥臭い政治学があってもよいのではないか。

政治学の考察の対象である「正しいことがら」には、「多くの差異と揺曳《ようえい》（不確実性）」が含まれており、数学と同じような厳密性は望めない。こう指摘したうえでアリストテレスは、『ニコマコス倫理学』（第一巻第三章）で、次のように書いている。

われわれは、それゆえ、かかる性質のことがらを、かかる性質の出発点から論じて、だいたい荒削りに真を示すことができるならば、つまり、おおよそのことがらを、おおよその出発点から論じて、同じくおおよその帰結に到達しうるならば、それをもって満足しなければならないであろう。〔…〕その場かぎりの仕方で語ることを数学者にゆるすことが不可ならば、弁論家《レートリコス》に厳密な「論証」を要求するのも明らかに同じようにあやまっているのである（アリストテレス 1971: 18-19; 1094b）。

どのような価値ないし政策を選択すべきか。目的の実現のために、どれほどのコストや犠牲ならば耐えうるのか。正しい（と思われる）秩序を実現するのに、あるいは安心・安全のために、どのような、あるいはどの程度の強制が許されるのか。こうした政治的な議論を、その決断によって影響を受ける一市民の立場で議論しようとすれば、その議論にはさまざまなズレやブレが入ってくる。実践学としての政治学はこの中途半端な場所から離れることはできないし、離れるべきでもない。一義的な解がないところで、共同で、相対的にマシな選択をすることが、人びとには求められる。政治学とは何か、という問いに対してはいろいろな答えが考えられる。

しかし、少なくとも政治学の課題には、こうした選択のために必要な知識や思考を提供すること、そしてこうした選択のプロセスで必要とされるエートスを涵養《かんよう》することが含まれるはずである。

すでに何度もくり返し論じてきたが、ウェーバーは、社会や政治を観察する主体が前提としている価値を自覚化すること、そしてその価値を他者の価値と突き合わせてリフレクション（反省）することを求めた。そのような仕方で、彼は党派性を構成的な要素として彼の政治的な学問に包摂する。

これに対して、党派性を克服しようとする政治学は、党派性を可能なかぎり外部に放出しようとする。党派性を克服することが学問の課題だとすれば、党派性の外部化に成功するほどに、学問は高度化していくことになる。しかしながら、専門家ではない大多数の人は、党派性にあふれた世界のなかで生きている。そしてもちろん政治学の専門家も、一人の市民としては、その例外ではない。党派的なオピニオンがあふれる世界にあって、私たちはどのように思考し、判断し、行為すればよいのか。

この問いに対するリベラルな模範解答は「科学的な知見を踏まえて各自で考えろ」というものだろう。リベラルな社会では、価値観はそれぞれの個人が個人のレベルで選び取っていくものだと考えられるからである。

しかしそうではなくて、個人が個人のレベルでオピニオンを形成し、それを吟味し、よりよい政治的判断をするための手助けに主眼を置いた政治学はありえないだろうか。学ぶ内容と時間のほとんどの部分が、党派性を克服することで成り立つような方法論に依拠した政治学の知識だとすれば、実践的な判断を育《はぐく》むのはむしろ難しくなってしまうのではないか。

現代の政治学で、ウェーバーの価値自由が注目されることは少なくなっている。すでに述べてきたように、それには理由がある。しかし、中立的な政治学とは異なる、政治的な政治学がなくなってよいわけではない。こうした政治学を構想しようとするとき、ウェーバーの価値自由論はなおも一つの手がかりとなりうる。

【注】

68 キルヒハイマーとシュミットの関係については（野口 2019c）を参照。

69 ノイマン、キルヒハイマー、そしてマルクーゼらは、アメリカのＣＩＡ（中央情報局）の前身組織であるＯＳＳ（戦略情報局）で、ナチ・ドイツの分析とその体制崩壊後に予想される状況についてのレポートを執筆している（Neumann et.al. 2013 = 2019）。

70 イーストンの政治理論については（田口 1997）を参照。

71 イーストンはマンハイムの知識社会学にもよく通じている。実際に『政治システム』でも、彼は何度もマンハイムに言及している（Easton 1971: 225, 235, 261, 289-290 = 1976: 231, 241, 243, 268, 299）。

72 第4章で論じたように、安藤英治はWertfreiheitを「没価値」と訳すことに反対した。彼とフランクフルト学派にはまったく接点はない。それでも、没価値的な学問が現状保守的になることを問題にする点では、両者には一定の近さがある。

73 イーストン『政治システム』の訳者の山川雄巳（一九三二～二〇〇二）はvalue-freeを「没価値的」と訳している。

74 ウェーバーとシュトラウスについては（西永 2015）（野口 2019a）（藤本 2020）ほかを参照。

75 パーソンズがまったく価値自由について論じていない、というわけではない。一九六四年にハイデルベルクで、ウェーバー生誕百年シンポジウムが開催された。このシンポジウムの「価値自由と客観性」セッションで、彼は基調講演をしている。パーソンズはここで価値自由を「イデオロギーの終焉」を告知するものとして論じている（Parsons 1965: 63 = 1976: 97）。これに対して、討論者として登壇したハーバーマスは「私はマックス・ウェーバーについてこのような線の太い、そして語の最良の意味で、自由主義的な受けとり方を許す政治的伝統の中に、アメリカの同僚たちがおられることを、羨ましく思います」（Habermas 1965: 81 = 1976: 128）と述べた。そしてカール・シュミットは「マックス・ウェーバーのレジティメートな弟子」（ein legitimer Schüler Max Webers）だと発言し、物議を醸した（Habermas 1965: 81 = 1976: 129）。近年の民主主義についての文献でも、ウェーバーとシュミットが連続的に論じられる傾向にある（宇野 2020: 188）（山本 2021: 36-37）。しかし、この両者をつなげてしまうと、ウェーバーが保持していた多元主義や議会政治へのコミットメントがあまりにも軽視されてしまう。ウェーバーとシュミットの関係については丸山眞男も「指導者民主主義とかいっても、大事なことは何の（または誰の）ために、また何に

（誰に）対してという関連や方向性をヌキにして、シュミットとの概念的比較をすると非常に一面的になっちゃうんです」と述べている（丸山 1978）。それでも、自由主義と価値自由の危うさに対して、パーソンズがあまりにも警戒感を持っていないことに、ハーバーマスが強い違和感を持ったことはよく理解できる。なお、このシンポジウムでの議論は、実際にハイデルベルクでシンポジウムに参加した徳永恂によって、いち早く紹介されている（徳永 1996: 150-171）。

76 ベンディックスの著作（Bendix 1977 = 1966）に対する書評でも、ベンディックスがHerrschaftをdominationと訳していることを、パーソンズは問題にしている（Parsons 1960）（高城 2003: 123-124）。

77 このときロールズは「仕事としての政治」（Weber 1946）と「価値自由」論文（Weber 1949）の二点に言及している。彼は前者を一九一八年刊行としているが、正しくは一九一九年である。

78 ロールズの解釈に反して、私の理解では、ウェーバーとバーリンの親近性はとても高い。バーリンとウェーバーの関係については（森 2018: 53）を参照。

79 本書の第1章でも論じたように、ウェーバーの場合も、価値は「客観的」であるとされている。そうであるからこそ、大義（Sache）ないし価値にコミットすることが、彼にとっては重要であった。こうした点をロールズはほぼ完全に無視している。

80 『社会科学のリサーチ・デザイン』でウェーバーの名前が出てくるのは、全部で二箇所である。一つ目は、すでに述べた反事実的分析であり、もう一つは「説明変数の値が、従属変数の原因ではなく、結果である」という「内生性」（endgeneity）に関連する箇所である。ＫＫＶでは、この内生性の例として、ウェーバーの『プロテスタンティズムの倫理と資本主義の精神』が挙げられている（King et al. 1994: 185-187 = 2004: 221-222）。

81

もちろん、フェミニズムやポストコロニアリズムの研究者は「メインストリームの客観主義の価値中立性」に対して批判的に向き合っている。サンドラ・ハーディング（Sandra Harding, 1935-）の、いわゆる「スタンドポイント理論」が強調するのは、まさに観察する際の観点が政治的である点である（Harding 2006: 85 = 2009: 134）。彼女はウェーバーには言及していないが、スタンドポイント理論はこの点で、ウェーバーの価値自由論と接続可能である。

終章　政治的中立の精神史

中立へと傾斜する時代

ウェーバーの時代から始めて、価値自由がいかに理解され、どのように議論されてきたかを、いくつかの局面を切り取る形で論じてきた。

価値自由は、事実と価値を峻別することを求める。この要請の前提として、事実は一定の価値に関係づけられることではじめて事実として浮かび上がるという、新カント派に由来する価値関係という考え方がある。そしてもう一つ、そうした価値は複数あり、多元的で、場合によっては深刻に対立するという強い想定がある。価値関係という理論的な道具だてと価値の多元性の認識から、事実と価値の分離を求めるのがウェーバーの価値自由である。これが本書の価値自由の基本的な理解ということになる。

要約すれば、これだけの話ではある。しかし、価値自由はさまざまな形で解釈されてきた。価値自由は権威主義体制への抵抗の論理として解釈されることもあり、同時に軍国支配を黙認する現状保守の理論として批判されてもきた。この要請は価値の多元性を強調する自由主義の思想として理解されることもあれば、無秩序で混乱した相対主義であるとして批判されてもきた。後者の場合には、ウェーバーからシュミットへの連続性を強調する形で、決断主義という批判がウェーバーに寄せられる。学問が研究者の主観的な価値に依拠しているとすれば、どの価値を選ぶかは学問の領域ではなく、個人の（無根拠な）決断の問題になると考えられるからである。

受容史研究である本書は、これらのいずれが正しいウェーバー解釈であるかをあえて確定することはしない。むしろここで強調しておきたいのは、価値自由の要請が、時代と研究者と文脈に応じて、実に多様な解釈を生んできたことである。

同じことは、政治的中立についても当然のことながら確認できる。さまざまな立場の人がテレビの放送や学校教育で中立性が損なわれていると感じ、そのような事態に不満を持っている。しかしながら、憤りを感じている当の本人の偏りは問題にされることは少ない。行政の担当者が持ち出す中立の理念も混乱していることが多い。公民館の催しが政治的中立の名目で中止になり、公園内の追悼施設が「政治的」であるとして撤去される一方で、元首相の葬儀の日に弔旗や半旗の掲揚を大学などに要請することは「中立」である、との見解が示される。[82] ここにあるのは一貫した原理ではなく、この言葉を使った、かなり粗野なパワー・ゲームである。

中立がいわれるとき、それぞれのケースでそれがどのような意味で用いられ、どのような政治的効果を持っているのか。私たちは用心深くこの点を見定めなければならない。そしてあまりにあいまいに、そして拡大的に政治的中立が唱えられ、これが濫用されることがないよう、警戒する必要がある。もちろん、政治的中立という理念が不必要だということではない。ただ、政治的中立は価値討議とセットにして、相互的・批判的な検討を含むものとして理解されなければならない。これが本書の一つの結論である。

しかしながらそうはいっても、政治的中立を求める声や、これを基準にして偏向を嘆き、また批判する議論は、今後もなくならないであろう。それどころか、この傾向は強まっていくように思われる。中立を持ち出す議論がいかに混乱していても、中立でありたいという心性はそれ以上に強いからである。

ウェーバーの価値自由の受容史的考察を踏まえたうえで、この終章で考えたいのは、中立を強く求める、そうした時代についてである。ここで試みるのは一つの精神史的考察である。さまざまな分野を横断して、なぜかこの時代に支配的になっている雰囲気を問題にしたいと思う[83]。今日の雰囲気はいつの時代にもつねに変わらず存在してきたものではない。

五〇年代の中立論争[84]

中立は潜在的にはつねに政治的な問題である。中立が政治問題になったのは、もちろん最近になってからのことではない。戦後、政治的中立をめぐってもっとも激しい議論が行われたのは、いわゆる「教育二法」をめぐってであった（藤田・貝塚 2011）。

吉田茂（一八七八〜一九六七）内閣のもとで一九五四年五月に、「教育公務員特例法一部改正法」と「義務教育における教育の政治的中立の確保に関する臨時措置法」が成立した。この二法は、戦後改革の方向性に逆行するという意味で、いわゆる「逆コース」の一コマとして記述されることが多い。この場合も、偏向教育の是正が掲げられ、政治的中立という言葉が重要な役割を果たした。しかしながら、審議過程の議論をみると、政治的中立をめぐる今日の議論とはかなり雰囲気が異なることに気づかされる。

政治的中立という表現は当時も用いられていた。しかし今日と異なって、政治的中立が相当に政治的な概念であることが、当時はよく認識されていた。「教育二法」は主として日教組の一部の教員の「偏向教育」を標的にしたものであったが、法案を通そうとしている吉田政権が「無色透明」だと思われていたわけではなかった。

『市民政府論』のタイトルでジョン・ロック（John Locke, 1632-1704）の『統治二論』（Two Treatises of Government）を翻訳し（Locke 1988 = 1968）、ライト・ミルズの『パワー・エリート』（Mills 1956 = 2020）の訳者でもある公法学者の鵜《う》飼《かい》信成《のぶしげ》（一九〇六〜一九八七）は、国会の公聴会で「教育二法」案に反対の見解を示し、雑誌『世界』に「政治的中立の政治性」と題する論考を執筆している。ここで彼は「政治的中立ということが、現実にはそれ自身政治的であることをまぬかれない」と指摘している（鵜飼 1954: 120）。

この当時、政治的中立の政治性については、新聞の社説などでもしばしば論じられていた。

『読売新聞』も社説「教育の自由をまもれ」で、「教育の中立性に名をかりるこのような立法措置そのものが、教育の中立性を破壊するものである」と書いている〈読売新聞 1954〉。朝鮮戦争が始まり、冷戦の緊張が高まるなかで、中立は政治的な意味を持たざるをえなかった。そして実際にそれは政治的闘争のための言葉として使われた。中立という言葉の政治性は少なくとも今日よりも強く意識されていた。

それでも、「教育二法」は最後にはかなりあっけなく成立した。いわゆる旭丘《あさひがおか》中学校事件が注目を集めたことが一つの要因となった。京都の大徳寺近くにある旭丘中学校で、保護者が疑問を呈したことから「偏向教育」が問題にされ、教職員組合と市教育委員会が全面的に対立した。事態は、京都市教育委員会による「補習授業」と京都教職員組合による「管理授業」に分裂するまでになった。旧内務官僚で、初代の東京都長官も務めた当時の文部大臣の大達茂雄《おおだちしげお》〈一八九二〜一九五五〉は、この件も含めて「偏向教育」の多くの実例を集め、周到に準備を進めていた。「大達文相はこうした極端な偏向教育の実例〈旭丘中学校事件〉が明るみに出た以上、相当強力な立法措置をとっても世論の支持を得られるものと確信を持つに至った」と、読売新聞政治部の若手記者だった渡辺恒雄〈一九二六〜〉は分析している〈渡辺 1954: 48〉。

こうして「教育二法」は成立した。しかし、政治的中立という論理の扱いは、当時は今よりもはるかに慎重であった。別の言い方をすれば、今日では政治的中立という規範が当時に比べてはるかに強く信奉されている。政治的中立という名のもとで行われる権力行使に対する警戒が著しく弱くなっている、と言い換えることもできるだろう。自分こそが「中立」だ（あるいは「ふつう」だ）という、政治的中立の純度を競う競争になっているようにさえみえる。このような傾向は、少なくとも五〇年代にはなかった。

そして、時代の雰囲気の違いは、ウェーバーの読み方の違いにもつながる。中立という言葉の政治的な性格が意識されている状況では、それに連動して、価値自由はたんなる「没価値」ではないという解釈が有力になる。そして実際、価値自由はそのようなものとして理解された。これに対して、中立化・脱政治化への志向が強い時代には、没価値と価値自由の違いはさして重要ではなくなる。

ドイツのための選択肢（AfD）と「ニュートラルな学校」

教育の中立性が議論になっているのは、もちろん日本だけではない。ここでは「ニュートラルな学校」（Neutrale Schule）をめぐるドイツの論争に目を向けたい。「ニュートラルな学校」という要求を掲げているのは、リベラル系の人たちだと思われるかもしれない。しかし実際にこのスローガンを掲げ、教育現場での「偏向」を問題にしているのは、反移民・反イスラームなどを掲げる極右政党の「ドイツのための選択肢」（ＡｆＤ）である。ＡｆＤのハンブルク支部は二〇一八年に、同党にとって好ましくない教師の発言を通報するポータルサイト「ニュートラルな学校ハンブルク」を開設した。その後、同様の通報ポータル（「告げ口ポータル」）は全国に広がった。学校教育の中立性を掲げて行われているこのキャンペーンをめぐる議論は、今日まで続いている（Schmoll 2024）。

現政権（社会民主党・緑の党・自由民主党）に対する世論の厳しい評価に対応する形で、ＡｆＤへの支持は現在かなり高くなっている。一部の党員が集会でナチの突撃隊（ＳＡ）のスローガンを使ったとして有罪判決を受けるなど、いくつかのスキャンダルによって支持率は変動してはいるが、「今度の日曜日に選挙があれば、どの党に投票するか」という世論調査などで、この政党はしばしば二〇％に近い支持を集めている。チューリンゲン州やザクセン州での同党の支持率は二〇二四年夏現在で三〇％を超えている。

AfDのポータルサイト画面。https://afd-fraktion-sachsen.de/ideologie-unterricht-abschaffen-schule-muss-neutral-sein/

ＡｆＤは二〇一七年九月の選挙で、初めて連邦議会の議席を獲得した。しかしこの党は、学校の教室でしばしば自分たちが批判的に扱われることに不満を抱いていた。彼らが「ニュートラルな学校」を要求したのは、このためであった[85]。

「ニュートラルな学校」論争の中身に立ち入る前に、日本の事例にも目を向けておきたい。日本でも自民党が二〇一六年に「学校教育における政治的中立性についての実態調査」を実施したことがある。党の公式ホームページで教育現場での「政治的中立を逸脱するような不適切な事例」についての情報提供が呼びかけられた。選挙権年齢が一八歳に引き下げられるのに伴って、学校の中立性があらためてクローズアップされたのがこの時期であった。自民党の呼びかけは、ドイツのＡｆＤの「告げ口ポータル」よりも二年ほど早かった。しかしこのときは、政権与党が密告を奨励しているなどの批判を受けて、比較的短期間で調査は打ち切られた。そして寄せられた件数や内容も公表されなかった。

自民党の調査の導入文には「『子供たちを戦場に送るな』と主張し中立性を逸脱した教育を行う先生方がいる」と書かれていた（アエラ 2016）。この文章を執筆した人は、「教え子を再び戦争に送るな」という、かつての平和運動のスローガンを意識して、このような表現を使ったのだろう。しかし、「子供たちを戦場に送るな」と述べただけで、政治的中立の原則を逸脱しているといえるのだろうか。そして、そのように主張するときの政治的中立の基準は何なのか。すぐにさまざまな疑問が浮かんでくる。まさか「子供たちを戦場に送れ」というのが中立だとはいえないだろう。

なかでも注目すべきことは、この場合の偏向批判は、敵対する人たちは偏っていて、イデオロギー的であるが、自分たちはそうではないという前提に立っている点である。これはかなり一面的な見方といわなければならない。

カール・マンハイムは二つのイデオロギー概念を区別している。イデオロギーの「特殊的」（speziell）用法と「普遍的」（allgemein）用法である。「特殊的」用法というのは、「敵」だけがイデオロギー（虚偽意識）に囚われており、自分たちはイデオロギー的ではないという理解を指す。マンハイムによれば、マルクス主義はブルジョワのイデオロギーを批判するが、自分たちにはイデオロギー概念を適用しない。「社会主義ないし共産主義流に考える者は、政治思想におけるイデオロギー的なものを敵の側に認めるだけで、自分の思想は疑いもなくイデオロギーを超えていると思いこんでいる」と彼は書いている（Mannheim 2015: 108-109 = 2006: 224）。

これに対して、相手方だけでなく自分自身にもイデオロギー概念を適用するのが、イデオロギーの「普遍的」用法である。ここで「普遍的」と訳されているallgemeinは英語ではgeneralなので、「一般的」と訳したほうがよいかもしれない。しかし、ここでは訳語の選択にはとくにこだわらず、従来のマンハイムの翻訳の慣行に

反戦は「偏向」か
密告サイトの重圧
教育現場に「不偏不党」求める自民党の狙い

「反戦は「偏向」か、密告サイトの重圧　教育現場に「不偏不党」求める自民党の狙い」『アエラ』2016年8月22日

従っておく。いずれにしても、イデオロギー概念を「普遍的」に用いることで、相手が偏っていて自分は偏っていないという単純で、かつ独善的な思考から抜け出すことができる。別の言い方をすれば、普遍的ではないイデオロギー批判は、自分だけはフラットで中立だという独善と結びつきやすい。

ドイツに話を戻そう。ＡｆＤによる「ニュートラルな学校」という要求に対して、ドイツ人権研究所（DIMR）は「教育の中立性要求——レイシズムや極右といった党派的立場に対しても中立なのか?」という報告書を出し、明確に批判的な立場を表明している（Cremer 2019）。また、連邦政治教育センター（ｂｐｂ）の雑誌『政治と現代史から』は「政治教育」を特集した号の巻頭言で、「中立性の要求」は「人間の尊厳、表現の自由、そして自由民主主義的な秩序」を基礎にしたフレームワークとは一致しないと明記し、「中立性の要求」は「神話」であると述べている（Schetter 2020: 3）。

「学校は中立でなければならない」というのではなく、むしろ学校は差別や歴史修正主義などに対して「中立であってはならない」というのが、ここで強く主張されていることである。異なる意見を持つ立場のどちらにもつかないということは、明白な悪にも存在の余地を与え、これを黙認することを意味する。「ニュートラルな学校」を求めるＡｆＤをめぐる議論のなかで、学校は「没価値」という意味で中立であってはならないということが、あらためて確認された形になった。

こうした議論の背景にあるのは、いわゆる戦う民主主義ないし戦闘的民主主義(streitbare Demokratie)の考え方である。ワイマール時代のドイツでは、ナチ党や共産党など、議会制民主主義を否定する勢力が議会で多くの議席を占め、これらの勢力によって民主体制が破壊された。戦後西ドイツではこうした過去に対する反省から、民主主義を否定する勢力に対して民主主義は戦わなければならない、という「戦う民主主義」の思想が唱えられた。このアイディアを提供したのは、ナチ時代に亡命を余儀なくされたカール・レーヴェンシュタイン(Karl Loewenstein, 1891-1973)やカール・マンハイムらであった。

もちろん、この議論には難しい部分もある。ナチ党が非民主的であるという点については議論の余地はない。しかし、現在の政党・党派を指して「民主体制に敵対的である」と認定する基準をクリアに確定することは、それほど容易ではない。この議論が政治的に濫用されるのではないか、という懸念は当初からあったし、もちろん現在でもそれは変わらない。[86] AfDの支持率がそれなりに高くなっている状況にあって、この問題はさらに難しくなっている。

こうした点に注意を促したうえでの話ではあるが、政治的中立が強い規範的な意味を持っている日本の言論状況を相対化するために、ドイツの「ニュートラルな学校」をめぐる議論は参考になる。人種やジェンダーなどを理由とした露骨な差別に対しては、私たちは中立であるべきではない。それらを他の数多くのオピニオンの一つとして扱うことは、そうした差別的な言説を容認し、承認することになる。政治的中立が過度に強調される社会では、このことがみえにくくなる。

ドイツの論争と比較すると、今日の日本では「悪に対して中立であってはならない」という主張は相対的にかなり弱い。これよりはむしろ、政治的中立が損なわれているという主張が前に出てくる傾向にある。しかし、日本でもずっとそうだったわけではない。

「教育二法」をめぐって、当時、東大総長であった矢内原忠雄《やないはらただお》（一八九三〜一九六一）は新聞に寄稿して、次のように述べている。

日本の教育者がどれほど熱心に日本国憲法の維持、民主化の促進、平和の希求を説いても、それをもって政治的偏向であるとか政治教育の行過ぎであるとかとがめらるべきものではなく、かえってそれを教えなければ、教育基本法の方針に反するものとして怠慢を責めらるべき筋合のものである（矢内原 1954）。

以上のことを確認したうえで、「ある政党の政策に一致しまたは反対的だからといって、教育者の言論を政治的中立原則に違反すると認定するにたるとなすごときは、それこそ教育の立場をば政党政治の中に引入れて害するところの暴論」である、と矢内原は論じている（矢内原 1954）。

中立を求める傾向が強ければそれだけ、他者の偏向（と思われるもの）への違和感や嫌悪感が強くなり、偏向批判が行われやすくなる。しかし、偏向批判には限界がある。そしてその論理の濫用はむしろ教育の場を別の意味で政治化する。政治的中立が強く支持されているとすれば、この問題性をあらためて確認する必要がある。

シンギュラリティーズと歴史修正主義

政治的中立という規範が侵害されることに対して、今日の日本では強い反発がある。中立であることで、「悪」を黙認してしまうことがあるにもかかわらず、その懸念よりもはるかに、中立でありたい、そして中立であるべきだという傾きが強い。この傾きをどのように考えたらよいのだろうか。

この傾向を考えるうえで、ドイツの文化社会学者アンドレアス・レックヴィッツ（Andreas Reckwitz, 1970-）の『シンギュラリティーズの社会』が参考になる（Reckwitz 2017）。彼は現代をシンギュラリティー（個別性）によって特徴づけている。シンギュラリティーという用語は、AIが人間の知能を超える技術的特異点という意味で用いられることがあるが、レックヴィッツの場合は、そのような意味ではない。大量生産と官僚制を特徴とする近代が一般性の時代だったとすれば、現代は、それぞれ比較不可能な、さまざまなシンギュラーなものの時代になっている、と彼はみる。シンギュラリティーズ（複数形）は、宇野重規（一九六七〜）の「〈私〉時代」にも通じる（宇野 2010）。また、その基本的な視点は、ゲオルク・ジンメルの「主観的文化」にまでたどり返すことができる（Simmel 1992: 467 = 1994: 下21）。

　このような用語法に対しては、シンギュラリティーズなどという、耳慣れない新しい言葉ではなく、個人や個人主義のような既存の用語を用いればよいのではないかという反論もあるかもしれない。しかし、共同体からの個人の析出や、アトム化した個人などの表現をみればわかるように、個人や個人主義は、共同体との（対抗）関係で用いられることが多い。[87]こうした表現では、多様で複雑な共同性と関係しながら立ち現れる、個々の経験、ライフスタイル、そしてアイデンティティのユニークさを表現することが困難になる。現代の個人のアイデンティティは強い主体性ではなく、かなり流動的で脆弱《ぜいじゃく》である。このような状況を際立たせるために、レックヴィッツは個人主義のような既存の用語をあえて使わずに、シンギュラリティーズをキーワードにしている。

　このキーワードから彼は、旅行、ライフスタイル、雇用環境、さらには政党政治に至るまで、幅広く包括的に現代社会を論じる。この本はズーアカンプ社から刊行されているボリュームのある学術書ではあるが、オラフ・ショルツ（Olaf Scholz, 1958-）首相やローベルト・ハーベック（Robert Habeck, 1969-）経済相など、ドイツの政治家によってよく引用されてもいる。政治家が文化社会学の学術書を読むというのは、日本ではありえないかもしれない。しかし、考えてもみれば、現代社会を全体的・俯瞰《ふかん》的に把握することなくしては、個別の政策を語ることはできない。そうであるとすれば、問われるべきはドイツの政治家の読書傾向ではなく、日本の政治家のそれのほうかもしれない。[88]

さまざまな個別性が重視される時代には、人生はキュレーション的になる、とレックヴィッツは書いている（Reckwitz 2017: 295-298）。美術館のキュレーターがするように、知識とセンスによって筋道を立ててモノや情報を集め、配置・配列の仕方によって、それらに新しい意味を持たせる。情報をただ並べるのではなく、配置・配列の独創性と創造性に価値が置かれる。AO入試の面接から葬式の形式まで、私たちはこうした日常を生きている。

このような社会では、多様な他者や文化を否定せず、自身との個別的なつながりを大切にする態度が生まれる。そして一律的で、固定的で、凡庸な基準の押し付けは嫌われる。近年、とりわけ若い世代で、性的指向など、さまざまな多様性を尊重すべきだという意識が強くなっているのも、こうした傾向と無関係ではないだろう。

しかしながら、同じ思考はオーソドックスではない歴史認識への「理解」にもつながってしまいかねない（野口 2020b）。戦後七五年をめぐる日経新聞の特集記事で、次のような傾向があることが紹介されていた。「戦後七五年を過ぎ、過去の戦争や悲劇の歴史について、若者が簡単に肯定的な姿勢を示すケースが目立っている。真偽不明のSNS（交流サイト）の投稿に大量の「いいね」が付いたり、戦争は「仕方ないこと」と捉えたり」することが多くなったというのである（日本経済新聞 2020）。

「他者を他在において把握する」。これは丸山眞男が好んで用いたフレーズである。[89] ただし、こうした姿勢は、用いられ方しだいでは、メインストリームの歴史認識では無視されるか否定されるかする事実に対しても、寛大な態度をとることにつながる。こうして独裁者の知られていなかった美談などが拾い上げられてくる。画一的なナショナル・ヒストリーからこぼれ落ちるものを丁寧に扱う態度は、あぶなっかしいまでにさまざまなものを掬《すく》い上げてしまう。

マックス・ウェーバーであれば、そうした諸々の見方を「無矛盾」な仕方で制御しようとする。さまざまな対立するものの見方が存在することは認めつつも、彼はそれでも主体として「内的一貫性」を確保しようとした。学問という仕事（ベルーフ）がそれを学ぶ者に提供できるものは、結局は「明晰さ」であると彼がいうとき、ある特定の価値に矛盾することなく、一貫してコミットすることが想定されている（MWG I/17: 104 = 2018: 75）。

この点では丸山も同じである。彼が求めたのは、他者感覚を有すると同時に、「強靭な自己制御力を具した主体」であった（丸山 1961: 66）。『自己内対話』では、次のように述べられている。

自己内対話は、自分のきらいなものを自分の精神のなかに位置づけ、あたかもそれがすきであるかのような自分を想定し、その立場に立って自然的自我と対話することである。他在において認識するとはそういうことだ（丸山 1998: 252)。

これに対して、シンギュラリティーズの時代の自己は統合性が弱い。自分のなかで批判的な対話を継続するよりは、「あれもこれも」包摂しようとする。批判的な対話では矛盾とみられる諸要素も「いろいろなオピニオンがある」ということで受け入れられていく。

相対化に伴なう問題は、かつて西ドイツの「歴史家論争」(Historikerstreit) でも論じられた。ホロコーストという人類史上最大の犯罪行為を相対化し、いつの時代のどこの国でも存在したような数多くの不幸な出来事の一つとしてこれを「些細」なものとみなしてしまうことは、やはり許されるものではない。[90] したがって、こうした歴史修正主義的な言説に対しては、専門の歴史家などから厳しい批判が加えられることが多い。

しかしながら、こうした批判が厳しい口調になると、他者を認めない「偏狭な」態度の表れとして、かえって忌避の対象になる。リベラルな奴ほど非寛容で、「内ゲバ」体質だというような言説は、「政治的に中立でいたい」と思う人に、それだけいっそう受け入れられやすい。こうしてまったく悪意がない仕方で、「教科書では取り上げられない真実」が流通してしまう。

今日、とりわけ政治的中立が強調されるのは、こうした文脈で理解できる。特定の政治的な立場性を明確に持っている人、あるいは「政治思想が強い」人は、そうであるというだけで、個別的な生を生きている人にとっては脅威に感じられる。ある政治的争点をめぐって、「あれかこれか」の決断が迫られる状況は忌避される。さまざまな対立に主体的に関与するというのではなく、多様性が強調される。こうしてフラットで中立的な関係性が好まれるようになる。

「あなたの感想」とリバタリアンの権威主義

ダイバーシティーの尊重それ自体は、基本的に肯定されるべきであろう。しかしそのとき、決断の根拠は人それぞれになり、共通の基盤を確保することが難しくなる。あるテレビのコメンテーターの「それって、あなたの感想ですよね?」という表現が話題になった(朝日新聞2023)。生意気な子どもが先生に絡むときに、たしかにこのフレーズは有効かもしれない。ただ、多くの場合、議論の行方はひどいことになる。建設的な話にはなりそうもない。しかし、このフレーズについては、もう少し立ち止まって考えてみる価値がある。

「あなたの感想」という表現を用いるコメンテーターは、このフレーズによって相手の論拠の弱さを露呈させる。しかしそれだけではなく、彼は「主観と事実を混在させるな」ということも同時に主張している。ものの考え方や感じ方が個人化されていけば、そのぶん「客観性」をいかに確保するかという課題が重要になってくる。そのために、事実やエビデンスが求められる。以上の議論は、もちろんウェーバーの価値自由の問題圏に接続する。

しかし、事実やエビデンスを示すことで、話が終わるわけではない。第3章で論じたように、「事実をして語らしめる」という態度をウェーバーは強く否定している。事実やエビデンスには、いくつもの注意事項が付いてくる。価値自由について論じるということは、この注意事項の説明をするということでもある。

生徒や学生にも、このような注意事項を丁寧に説明する必要があるだろう。しかしそれとともに、確認しておかなければならないことがある。シンギュラリティーズの時代には、当然のことながら、私の確信の根拠は心許なくなる、というのがそれである。「あなたの感想でしょ」というフレーズは、相手の論拠の乏しさを指摘し、相手を黙らせるレトリックとして機能する。このレトリック自体はもちろん、それほど目新しいものではない。しかし、この使い古されたレトリックが大きな意味を持ってしまうのは、自分の「感想」がますます心許なくなっているからである。

画一的で大量生産的な近代がシンギュラリティーズを重視する局面に移行すると、それぞれ個別で独自の存在である私たちにとって、自分の価値判断を根拠づけることがますます難しくなる。

自分が自分の領分で好きなことをしているかぎり、それほど大きな問題は生じないかもしれない。しかし、他者を巻き込む問題に、つまり政治的なマターに話が及ぶとき、「あなたの感想」(主観的な好き嫌い)を私に押し付けることはやめてほしいというリアクションが起こるのは、ある意味ではとても自然なことである。政治的中立を強く求め、その規範が損なわれているという強い不満を抱くというのは、こうしたリアクションの一つの形式である。[91]

スイスのバーゼル大学の社会学者カロリン・アムリンガー（Carolin Amlinger, 1961-）とオリバー・ナハトヴァイ（Oliver Nachtwey, 1975-）は『傷つけられた自由』（*Gekränkte Freiheit*）という著作で、個人の心許なさと無力さの裏返しとしての権威主義について論じている（Amlinger/Nachtwey 2022）。政治学の常識的な用語としての権威主義は、基本的に個人の自由と対立し、それを抑圧する体制のことである。しかしアムリンガーとナハトヴァイは、コロナ禍でのアンチ・ワクチン運動の参加者などへのインタビューを分析することで、外部の誰かにではなく、自分自身に権威の源泉を求める傾向をみいだし、その思考を「リバタリアンの権威主義」と名付けている。

通常の用語法の権威主義は、政治リーダーや「偉い人」への無批判な信奉と結びつく。これに対して、リバタリアンの権威主義の場合には、自分の「傷つけられた自由」を死守しようとする自由至上主義が権威主義的な行動の基礎になるという。コロナ対策として導入された公共交通機関でのマスクの義務化や、しだいに普及しつつあるジェンダー・ニュートラルな表現なども、「私の自由」への侵害とみなされる。そして傷つけられた個人の自由を守り、正当化しようとするなかで、こうした異議申し立ては陰謀論につながることもある。

ナチズム研究の権威主義的パーソナリティについての考察はよく知られている。権威への無批判な態度、弱さへの嫌悪、民主主義的な制度への懐疑、差別や排他性、妄想的で独善的な物語への依拠、破壊衝動などが、権威主義的パーソナリティの特徴として挙げられる（Adorno et.al. 1969 = 1980）。

今日の権威主義も類似の傾向を示している。ただし、私たちの時代の権威主義的な傾向は、個人の自由を抑圧する政治体制の問題というよりは、むしろ傷つけられた個人の自由という「傷」をベースにして生み出されているのではないか。これがアムリンガーとナハトヴァイのテーゼである。

自分の「感想」への自信のなさは、他者の「感想」が自分に押し付けられることへの拒絶に向かい、そのステップを踏んで自分の「感想」の絶対化と開き直りに行き着く。心許なさに由来する弱気は根拠のない強気になる。自分が自分であるためには勝ち続けるしかない、という論理が迫《せ》り出してくる。自分の認識を批判的に検討するという作業を避け、とにかく「上から目線」で語られることを全力で拒否する。誰かが正義を語ると、正義を語ること自体が自分に対する否定に思えてしまい、その正義の内容を検討する前に過剰に攻撃的に反論することになる。こうした傾向を権威主義という用語で議論してよいのかについては、検討の余地があるだろう。それでも、アムリンガーとナハトヴァイによって「リバタリアンの権威主義」として論じられているものは、シンギュラリティーズの時代に出現してしかるべき、一つの現象形態ではある。

中立性と価値自由

大学のゼミなどで議論していると、「政治的に中立でいたい」と学生にいわれることがよくある。ある立場を押し付けたり、押し付けられたりしたくない、ということはよく理解できる。多様な人たちが多様なままで生きていける社会の基盤について考えたいという学生は少なくない。これに対して、ウェーバーのように価値についての対立や葛藤を論じることは好まれない。

考えてもみれば、競争よりも個性や多様性がいわれるようになり、対立の契機が社会から丁寧に取り除かれてきた。そうした時代の精神については、小説家の朝井リョウが『死にがいを求めて生きているの』で扱っている。この世代の若者には、価値の対立にこだわるマックス・ウェーバーは「何もないところに無理やり対立を生んで、やっと、自分の存在を感じられる子」という残念な存在に映るかもしれない（朝井 2019: 446）。

このような時代に、信条倫理の扱いは難しい。沖縄で基地建設に反対して座り込みをしている戦争体験者は、信条倫理的といえるかもしれない。しかし、だから悪いということにはならないだろう。少なくとも、ウェーバーは絶対にそうはいわない。

彼が『支配について』で述べているように、急進派のゼクテ（教派）の存在があったからこそ、良心の自由や寛容の観念が成立した（MWG I/22-4: 677 = 2024: 335）。このような急進派は、東アジアではたんなる異端として排斥されたであろう存在である。激しい対立を避けようとする自称「寛容」な政治空間は、実はとても排他的で抑圧的でありうる（MWG I/19: 446 = 1971: 362）。ウェーバーは、オランダ出身の中国学者デ・フロート（Johann Jacob Maria de Groot, 1854-1921）の著作『中国における宗派性と宗教的迫害』（Groot 1903）を読み、「儒教の寛容」とされているものの問題に強い関心を寄せていた（MWG I/19: 130 = 1971: 46）。

こうした視点から、ウェーバーは信条倫理の政治的な意義を重く受け止める。彼は責任倫理の視角から信条倫理のアクティヴィストの問題性を指摘するが、だからといって彼らの立場を学問の名のもとで否定することはない。

最近、「対立を煽《あお》る」という表現をよく目にする。そのようにいいたくなるような言動や局面はたしかに存在する。しかし、対立を避ける振舞いによって閉ざされてしまうものもある。[92]対立を回避したい、政治的に中立でありたいという気持ちは理解できる。しかし、確認すべきことがある。対立を回避し、政治的に中立であろうとすることは、すでに政治的な態度である、というのがそれである。

対立を避け、政治的な党派性を回避し、なるべく政治的に中立でいたいという気持ちは、政治的中立という殺し文句を用いたパワー・ゲームに巻き込まれ、一方の都合がよいように使われる。そこで中立にとどまろうとすればするほど、それは政治的な意味を持ってしまう。戦時下にあって中立（没価値的）であろうとすれば、あまりにひどい軍の暴走を知っても、これを黙認する結果になりかねない。他者を尊重し、他者を傷つけないようにしたいという気持ちも、政治的に濫用されうるし、実際に濫用されている。

中立化と脱政治化の問題は、若者論に矮小化されてはならない。カール・シュミットによれば、一六世紀の宗教戦争を経験することで、ヨーロッパ人は「闘争が終熄し、相互の理解・合意・説得が可能な中立領域」を求めるようになった（Schmitt 1996b: 88 = 2007: 210）。そしてこうして始まった中立化は二〇世紀になり、技術にこそ完全な中立性の基盤があるという技術信仰に至った。しかし、「〔科学〕技術はすべての人に仕えるというまさにそれゆえに、中立的ではない」とシュミットは指摘する（Schmitt 1996b: 90 = 2007: 211）。

シュミットの『政治的なものの概念』（Schmitt 1996a = 2022）が書籍として出版された一九三二年は、イギリスの作家オルダス・ハクスリー（Aldous Huxley, 1894-1963）の『すばらしい新世界』が刊行された年でもある。

> 文明には、気高さも英雄らしさもまったく必要ないんだよ。そんなものは、政治的な失敗のあらわれだ。〔…〕いまの時代、戦争はまったくない。愛については、だれかを愛しすぎることがないように、注意深く配慮されている。派閥争い（divided allegiance）などというものも存在しない（Huxley 1998: 237 = 2017: 329）。

科学技術が争いを克服した世界のユートピアでは、戦争、派閥争い、克服すべき誘惑、戦って勝ち取ったり守ったりする愛の対象などは存在しない。したがって気高さや英雄らしさ、あるいはカリスマが存在する余地はない。この世界では、「政治的なもの」が徹底的に否定される。そして、とてもグロテスクな形で政治が展開されていく。

政治的中立の純度を高めようとするほど、より深刻に「政治的なもの」、つまり友と敵の党派性に直面せざるをえなくなる。このときシュミットが論じたのは、まさに「政治的に中立でいたい」という時代にあって、むしろ「政治的なもの」が回帰してくるという問題であった。政治的に中立でいたいとしても、それどころか政治的に中立でいたいと思えば思うほど、「政治的なもの」は私たちに付きまとってくる。

マックス・ウェーバーの価値自由は、研究主体の価値判断をダイレクトに研究に持ち込むことを禁じる。この意味では、価値自由は倫理的な中立の要請と重なるところも多い。しかし、彼の価値自由論は、さまざまな価値が対立すること、そしてそれらのいずれにもコミットしないという意味での中立はありえないことを前提にして成り立っている。

ウェーバーの英訳者でもあるライト・ミルズは、かつて自分の仕事について次のように書いた。

私は客観的（objective）であろうと努めてきたが、コミットしてこなかった（detached）つもりはない（Mills 1962: 10 = 1971: 10）。

ウェーバー自身が述べてもおかしくないフレーズである。なんらかの価値へのコミットメントを前提とした価値自由は、すべてから距離を置く価値中立と同じではない。彼の理論は党派性を自覚しながら、あえてそれを排除しないことで成り立つ政治的な政治理論である。そして同じ理由で、彼の wertfrei はやはり「没価値」と訳されるべきではない。

「決められない」に向き合う[93]

選挙で白票を投じたという学生を何人か知っている。いろいろ考えたが、そのうえで特定の政党に投票することをためらい、白票を投じたという。

シンギュラリティーズの時代にあって、「決める」ということの負荷はとても重くなっている。「自分で考えて自分で決めろ」というだけではたぶん不十分である。どの政党のどの政策をどのような理由で支持するのか、あるいは支持しないのか。このような議論を授業中に行うことが、中立性を理由として回避されてきた。政治的に「決める」という経験と練習が、かなり周到に抜き取られている。よく勉強する学生ほど、いろいろな情報を集めたうえで決められない、ということになってもおかしくない[94]。

意見を持つためには、自分の手持ちの考えと他者の考えの相違点を確認し、その違いがどのようなものかを認識し、それぞれの立場の理由を検討するというプロセスが必要になる[95]。こうした経験がないと、人は決めることができない。最初からポジションが決まっているというのはかなり例外的である。そして最初から決まっているというのは、親や地元など、ごく狭い親密圏に規定されている可能性が高い[96]。ブレることを経験せずに、ある信念を堅く保持しているということは、誰かの魔法にかかり、誰かに隷従しているのとあまり変わらない。

意見や見解が分かれる問題に踏み込まず、そうした問題について議論させない政治教育は、当然「決められない」学生を生み出すことになる。そもそも、党派的なことを一切口にせずに、当たり障りのない内容で授業を終える教員は、よき市民の見本ではないだろう。

とても仲のよい誰かとは異なる社会を自分は望んでいる、という事実の辛さに耐えること。自分の顔と名前を出して議論に参加すること。多様なオピニオンにフェアに向き合いつつ判断することから逃げないこと、つまり態度決定すること。従来の日本の学校で、これらを学ぶ機会はそれほど多くはなかった。そしてこうした機会と実践がなければ、討論する政治文化は育たない。かつての日本のウェーバー研究者がよく使った言葉を使えば、これはエートスの問題である。習慣的な実践の連続が欠かせない。

決めることが難しい時代に、決めることが求められている。シンギュラリティーズの時代には、どこまでいっても不全感は消えないだろう。逆に、スッキリしすぎることにはむしろ警戒が必要である。私たちはこの時代状況に即した政治的コミュニケーションのあり方を模索する必要がある。少なくとも、現在の報道と教育の現場での中立の実践は、「決める」ことを困難にはしても、これを促すものにはなっていない。これまでの、かなり狭隘《きょうあい》な政治的中立の理解は、右で述べたような経験とプロセスを奪ってきた。決めることが難しいというのはその結果である。

ウェーバーはいろいろな価値が対立することを何度も確認し、それを根拠にして事実と価値の峻別を主張した。そして同時に、それらの価値を突き合わせ、それを検討するなかで、自分に対して自分の価値を明晰に自覚化することを求めた。このようなウェーバーの価値自由は、第6章でも述べたように、政治学のベーシック・ワードではもはやなくなりつつある。しかし、現代の政治教育の問題のいくつかが党派性をうまく扱えないことに由来しているとすれば、価値自由の問題圏にいま一度立ち返って考えてみることには、一定の意味があるように思われる。

【注】

82 二〇二〇年一〇月一七日に、中曽根康弘元首相の内閣・自民党合同葬儀が行われた。これに先立って文部科学省は国立大学や都道府県教育委員会などに通知を出し、弔旗や半旗を掲揚するなどの形で弔意を表明することを要請した。政治的中立性に反するのではないかという懸念に対して、加藤勝信（当時）官房長官は「特定の政党を支持するための政治的活動に当たらず、文科省として教育の中立を侵すとも考えていない」と述べた（ＮＨＫ政治マガジン 2020）。さらに、銃撃で亡くなった安倍晋三元首相の葬儀をめぐっても、教育委員会の対応をめぐる議論で、政治的中立性という言葉がしばしば用いられた（朝日新聞 2022）。

83 精神史については（小野 1988）を参照。精神史と価値自由は対極的に解釈されるのが一般的である。しかし、価値自由の受容の変遷には精神史的な接近が適している。

84 この箇所は（野口 2021c）をもとにし、加筆・修正している。

85 ドイツのための選択肢（ＡｆＤ）は、二〇二一年九月の連邦議会選挙で、「ドイツ。でも普通でしょ」（Deutschland. Aber normal; Germany. But normal.）というスローガンを掲げた。このスローガンは、「極右」や「反民主的」などのレッテルがしばしば貼られているが、自分たちは「ふつう」だというレトリックを基礎にしている。中立性の要求と自分で自分を「ふつう」だと思う意識は、とても密接に結びついている。

86 戦う民主主義をめぐる今日の議論状況については（大竹 2022）を参照。

87 「個人と共同体」というと、いかにも普遍的な図式にみえるが、ドイツ語のゲマインシャフト（Gemeinschaft）と英語のコミュニティ（community）と日本語の共同体の意味は、微妙にズレている（Noguchi 2023）。

88 『幻想の終わりに』は『シンギュラリティーズの社会』の続編であり、姉妹編的な著作である。ここでレックヴィッツは、個別性・独自性から出発してより政治的な問題に踏み込んでいる。彼は今日の政治的分極化をハイパーカルチャーと文化本質主義の対立として描いている。また開放型自由主義の危機を分析し、埋め込み型の自由主義を提唱している（Reckwitz 2019=2023）。

89 丸山眞男の死後に刊行された『自己内対話』には、次のような一節がある。「学問的自由の前提は、マンハイムによれば、「いかなる他の集団、いかなる他の人間をも、その他在において把握しようとする根本的な好奇心」にある。（Carl Schmitt, *Ex Captivitate Salus*. S. 13）」（丸山 1998: 57）。カール・マンハイムは一九四五年にロンドンからドイツに向けてラジオ放送を行った。この放送原稿は占領情報局の情報冊子『ノイエ・アウスレーゼ』に掲載された（Mannheim 1945/46）。カール・シュミットはその中の一節を『獄中記』（*Ex Captivitate Salus*）で引用した（Schmitt 2002: 13 = 2007: 135）。丸山が「他在において把握する」という一節を抜き出したのは、このシュミットの本からである。ここでは立ち入るわけにはいかないが、この言葉のバトンの引き渡しのそれぞれの接点には、それなりの軋みと緊張がある（野口 2021d）。

90 ただし今日、歴史家論争で問われたアウシュヴィッツの「唯一無比性」（Einzigartigkeit）という言説は根本的に問い直されなければならなくなっている。この前提で議論していると、イスラエルによるガザ地区への攻撃を「ジェノサイド」として非難することが、ナチズムによる犯罪行為を相対化する「反ユダヤ主義」と直結されてしまいかねないからである。

91 もっともこれらの現象は「後期近代」になってはじめて出てきたというわけではないだろう。ウェーバーはすでに、「主観化」の傾向を確認しながら、次のように述べている。「私たちの行為を規定し、私たちの生に意味と意義を与える、あの「人格」の最も内なるところにある要素、つまり最高かつ究極の価値判断が、まさにそれゆえに、私たちにとってなにか「客観的に」価値があるものと感じられる、ということも確かである。〔…〕しかし、そうした価値の妥当を評価することは信仰の問題である」(MWG I/7: 150 = 1998: 36-37)。

92 『死にがいを求めて生きているの』のあと、朝井リョウが『正欲』で描いたのは、すれ違いながらも緊張度の高い、対決的な対話の場面であった(朝井 2021)。

93 (野口 2022)も参照。

94 「決められない」というのは、シュミットの「政治的ロマン主義」の問題でもある(Schmitt 1968 = 2012)。断片的で、非一貫的な、つまりはロマン主義的な自己には、統合の契機は弱い(野口 2018b: 第三章)。

95 第3章でウェーバーの価値討議について論じた。価値討議が意味するのは、まさにこのプロセスである。

96 都市社会学者リチャード・セネット(Richard Sennett, 1943-)の『公共性の喪失』の最終章「親密さの専制」を参照(Sennett 1977 = 1991)。

あとがき

今日、さまざまなところで使われている政治的中立という殺し文句について、ウェーバーの価値自由の受容史を検討することを通じて考えてみる、というのが本書の主題であった。ウェーバーはさまざまな価値やオピニオンが存在していることを重視した。事実や発展傾向などを持ち出すことで、こうした多様な価値やオピニオンを沈黙させることに対して、彼は強く抵抗した。価値自由は彼なりの多元主義の別表現であった。

ところが、価値自由は実にさまざまな意味で理解され、受容されてきた。非リベラルな体制に対するプロテストの論理として解釈される一方で、現状肯定的な「没価値」という意味で使われることもあった。価値の問題にかかわらない相対主義ないし「価値のアナーキー」と理解されることもあり、あるいは新自由主義的な市場原理と接合されることもあった。そして厄介なテーマになりかねない価値自由の問題圏からは、なるべく離れようとする傾向も強くなっている。

価値自由について論じるならば、ウェーバーが書いたテクストだけを正確に読めばよい、と考える人もいるだろう。しかし、私はかならずしもそうではないと思う。尾高邦雄、安藤英治、カール・シュミット、フリードリヒ・ハイエク、デヴィッド・イーストンなど、ウェーバーのテクストを読み、それを自分の問題に引き寄せて考え、議論してきた人たちの試行錯誤が、ウェーバーの価値自由をめぐる議論を豊かにしてきた。

私たちはウェーバーのテクストを傍に置きながら、これまでウェーバーのテクストを読んできた人たちの読みを読むことで、自分では気づかなかった論点に気づいたり、あまりに一面的な読み方がオリジナルのテクストを損なっていることに腹を立てたり、よくわからなくなって考え込んだりする。本を読むことには、こうしたプロセスが含まれる。本書は私にとって、そうした種類の読書ノートの再構成である。これから政治的中立や価値自由をめぐる問題について、もっと深く考え、もっとまともなところにまで到達しようとする人のために、このノートがなにかの役にたてば、それ以上うれしいことはない。

それにしても、価値自由の受容史で対象にすべきことは膨大にある。本書で扱うことができたのはそのほんの一部にすぎない。本書は価値自由の受容のいくつかの場面を撮ったスナップショットのミニアルバムである。価値自由の受容史についての、より網羅的な研究は、可能であれば、別の機会に挑戦してみたいと考えている。

価値自由が多様な理解と解釈を許してきたように、政治的中立という言葉も今日、同じように多様に、あいまいに、そして相当に恣意的に用いられている。今後、この傾向はさらに強まるのではないかと思われる。政治的中立は規範として強い説得力を持っている。中立性を損なうからダメだといわれると、仕方がないと思って諦めてしまいがちである。しかしそのように説得されるというのは、いかなる論理と精神によるものなのか。政治的中立という言葉が政治的に濫用されているとき、これに抗するためにはいかなる政治学が必要なのか。この本では、不十分ながら、そのようなことについても考えた。

本書では、ドイツと日本の比較がいろいろなところで出てくる。一九三〇年代の日本とドイツのウェーバー受容の違い、事典の「エートス」の項目の、日本語版とドイツ語版の違い、学校の中立性をめぐる日本とドイツの議論の違いなど、私はズレを手がかりにして議論を進めてきた。違いに驚くことから思考が始まることがある。今回はとくにそうだった。

日本とドイツの間で考える、という書き方になったのは、本書を構想し、関連のメモの多くを作成したのが、二〇二二年から二〇二三年にかけてサバティカルで滞在していたミュンヘンでのことだったという事情によるところが大きい。別の環境であれば、書きぶりはおそらくかなり変わったのではないかと思う。在外研究の機会を与えてくれた成蹊大学と法学部のみなさんに、御礼申し上げたい。

帰国後、学内の政治学研究会で、本書の着想を報告する機会を得た。亀嶋庸一先生はじめ、多くの方から有益なコメントをいただいた。当日のやりとりも本書の各所で活かされている。安心して中身の濃い議論を楽しむことができる環境のおかげで、この本を執筆することができた。研究会のメンバーに心から感謝申し上げたい。

前著『忖度と官僚制の政治学』（二〇一八年）では、日本政治の脱政治化・行政化について論じた。その終章で「中立的なものこそ政治的である」と書いた。そのとき以来、次は中立をテーマにした本を書きたいと思い、実際にいくつかの短い文章を執筆してきた。しかし、なかなかまとめることができないでいた。そんなとき、私にとってとてもよいタイミングで、朝日新聞出版の大﨑俊明さんが声をかけてくださった。本書を書き上げることができたのは、彼の企画と助力のおかげである。

二〇二四年六月
成蹊大学図書館一階の窓際の席にて
野口雅弘

※本書はJSPS科研費（JP24K04699）の助成を受けた研究成果の一部である。

参考文献

【マックス・ウェーバーの著作】

MWG I/4: *Max Weber-Gesamtausgabe, Abt. I, Bd. 4. Landarbeiterfrage, Nationalstaat und Volkswirtschaftspolitik*, 2. Halbband, Tübingen: J. C. B. Mohr (Paul Siebeck), 1993（＝（1982）中村貞二訳「国民国家と経済政策――教授就任講演」『政治論集』1、みすず書房、37-63頁）.

MWG I/7: *Max Weber-Gesamtausgabe, Abt. I, Bd. 7. Zur Logik und Methodik der Sozialwissenschaften. Schriften 1900–1907*, Tübingen: J. C. B. Mohr (Paul Siebeck), 2018（＝（1998[1936]）富永祐治・立野保男訳、折原浩補訳『社会科学と社会政策にかかわる認識の「客観性」』岩波文庫;（1937）戸田武雄訳『社会科学と価値判断の諸問題』有斐閣;（1955/1956）松井秀親訳『ロッシャーとクニース』1・2、未來社;（1987[1965]）森岡弘通訳「文化科学の論理学の領域における批判的研究」『歴史は科学か』改訂版、みすず書房）.

MWG I/8: *Max Weber-Gesamtausgabe, Abt. I, Bd. 8. Wirtschaft, Staat und Sozialpolitik. Schriften und Reden 1900-1912*, Tübingen: J. C. B. Mohr (Paul Siebeck), 1998（＝（1982）中村貞二訳「市町村の経済的事業によせて」『政治論集』1、みすず書房、100-106頁）.

MWG I/12: *Max Weber-Gesamtausgabe, Abt. I, Bd. 12. Verstehende Soziologie und Werturteilsfreiheit. Schriften und Reden 1908–1917*, Tübingen: J. C. B. Mohr (Paul Siebeck), 2018（＝（1972）木本幸造監訳『社会学・経済学の「価値自由」の意味』日本評論社;（1982）中村貞二訳「国民経済の生産性によせて」『政治論集』1、みすず書房、107-113頁）.

MWG I/13: *Max Weber-Gesamtausgabe, Abt. I, Bd. 13. Hochschulwesen und Wissenschaftspolitik. Schriften und Reden 1895–1920*, Tübingen: J. C. B. Mohr (Paul Siebeck), 2016.

MWG I/15: *Max Weber-Gesamtausgabe, Abt. I, Bd. 15. Zur Politik im Weltkrieg. Schriften und Reden 1914-1918*, Tübingen: J. C. B. Mohr (Paul Siebeck), 1984（＝（1980）濱島朗訳『社会主義』講談社学術文庫;（1982）中村貞二・山田高生ほか訳『政治論集』1・2、みすず書房）.

MWG I/17: *Max Weber-Gesamtausgabe, Abt. I, Bd. 17. Wissenschaft als Beruf 1917/1919 - Politik als Beruf 1919*, Tübingen: J. C. B. Mohr (Paul Siebeck), 1992（＝（1939）清水幾太郎訳「職業としての政治」『政治の本質』三

笠書房；（1980[1936]）尾高邦雄訳『職業としての学問』岩波文庫；（2009a）三浦展訳『現代訳 職業としての学問』プレジデント社；（2009b）中山元『職業としての政治 職業としての学問』日経BPクラシックス；（2018）野口雅弘訳『仕事としての学問 仕事としての政治』講談社学術文庫）．

MWG I/18: *Max Weber-Gesamtausgabe, Abt. I, Bd. 18. Die protestantische Ethik und der Geist des Kapitalismus. Die protestantischen Sekten und der Geist des Kapitalismus. Schriften 1904-1920*, Tübingen: J. C. B. Mohr (Paul Siebeck), 2016（＝（1972）大塚久雄・生松敬三訳『宗教社会学論選』みすず書房；（1989）大塚久雄訳『プロテスタンティズムの倫理と資本主義の精神』岩波文庫；（1994[1938]）梶山力訳『プロテスタンティズムの倫理と資本主義の精神』安藤英治編、未來社）．

MWG I/19: *Max Weber-Gesamtausgabe, Abt. I, Bd. 19. Die Wirtschaftsethik der Weltreligionen. Konfuzianismus und Taoismus. Schriften 1915–1920*, Tübingen: J. C. B. Mohr (Paul Siebeck), 1989（＝（1971）木全徳雄訳『儒教と道教』創文社；（1972）大塚久雄・生松敬三訳『宗教社会学論選』みすず書房）．

MWG I/22-4: *Max Weber-Gesamtausgabe, Abt. I, Bd. 22. Wirtschaft und Gesellschaft. Teilband 4, Herrschaft*, Tübingen: J. C. B. Mohr (Paul Siebeck), 2005（＝（1960/1962）世良晃志郎訳『支配の社会学』I・II、創文社；（2023/2024）野口雅弘訳『支配について』I・II、岩波文庫）．

MWG II/5: *Max Weber-Gesamtausgabe, Abt. II, Bd. 5. Briefe 1906–1908*, Tübingen: J. C. B. Mohr (Paul Siebeck), 1990.

MWG II/7: *Max Weber-Gesamtausgabe, Abt. II, Bd. 7. Briefe 1911–1912*, Tübingen: J. C. B. Mohr (Paul Siebeck), 1998.

MWG II/8: *Max Weber-Gesamtausgabe, Abt. II, Bd. 8. Briefe 1913–1914*, Tübingen: J. C. B. Mohr (Paul Siebeck), 2003.

MWG III/6: *Max Weber-Gesamtausgabe, Abt. III, Bd. 6. Abriß der universalen Sozial- und Wirtschaftsgeschichte. Mit- und Nachschriften 1919/20*, Tübingen: J. C. B. Mohr (Paul Siebeck), 2011（＝（1927）黒正巖訳『社會經濟史原論』岩波書店）．

【英訳】

Weber, Max (1930) *The Protestant Ethic and the Spirit of Capitalism*, trans. by

Talcott Parsons, London: Allen & Unwin.
—— (1946) *From Max Weber: Essays in Sociology by Max Weber*, trans. by Hans Heinrich Gerth and C Wright Mills, New York: Oxford University Press.
—— (1947) *The Theory of Social and Economic Organization*, trans. by Talcott Parsons and A. M. Henderson, New York: Free Press.
—— (1949) *The Methodology of the Social Sciences*, trans. by Edward Albert Shils and Henry Albert Finch, Glencoe, IL: Free Press.
—— (2012) *Collected Methodological Writings*, trans. by Hans Henrik Bruun, London: Routledge.

【欧文文献】

Adorno, Theodor W. et al. (1969 [1950]) *The Authoritarian Personality*, New York: Norton（=（1980）田中義久・矢沢修次郎・小林修一訳『権威主義的パーソナリティ』青木書店）.
—— (1972[1954]) „Beitrag zur Ideologielehre,“in: *Gesammelte Schriften 8: Soziologische Schriften I*, Frankfurt a.M.: Suhrkamp, S. 457-477.
Amlinger, Carolin/Oliver Nachtwey (2022) *Gekränkte Freiheit: Aspekte des libertären Autoritarismus*, Berlin: Suhrkamp.
Anter, Andreas (2007[2004]) *Die Macht der Ordnung: Aspekte einer Grundkategorie des Politischen*, 2., überarb. Aufl., Tübingen: Mohr Siebeck.
Arendt, Hannah (1972[1971]) “Lying in Politics: Reflections on The Pentagon Papers,”in: *Crises of the Republic*, New York: Harcourt Brace Jovanovich, pp. 1-47（=（2024）山田正行訳「政治における嘘」『真理と政治／政治における嘘』みすず書房、1-51頁）.
——/Karl Jaspers (1985) *Hannah Arendt/Karl Jaspers Briefwechsel 1926-1969*, hrsg. von Lotte Köhler und Hans Saner, München/Zürich: Piper（=（2004）大島かおり訳『アーレント=ヤスパース往復書簡: 1926-1969』1・2・3、みすず書房）.
—— (1998[1958]) *The Human Condition*, 2. ed., Chicago: University of Chicago Press（=（2023）牧野雅彦訳『人間の条件』講談社学術文庫）.
—— (2006[1967]) *Between Past and Future*, New York: Penguin, pp. 223-259（=（2024）引田隆也訳「真理と政治」『真理と政治／政治における嘘』

みすず書房、53-114頁）.
Ay, Karl-Ludwig/Knut Borchardt (Hg.) (2006) *Das Faszinosum Max Weber: Die Geschichte seiner Geltung*, Konstanz: UVK Verlagsgesellschaft.
Bachmann, Ulrich/Thomas Schwinn (Hg.) (2023) *Max Weber revisited: Zur Aktualität eines Klassikers*, Weinheim: Beltz Juventa.
Bendix, Reinhard (1977[1960]) *Max Weber: An Intellectual Portrait*, Berkeley: University of California Press（=（1966）折原浩訳『マックス・ウェーバー——その学問の全体像』中央公論社）.
Benjamin, Walter (2018[1940]) „Über den Begriff der Geschichte," in: *Ausgewählte Werke I*, Darmstadt: Wissenschaftliche Buchgesellschaft, S. 627-639（=（1994）野村修訳「歴史の概念について」『ボードレール他５篇』岩波文庫、325-346頁）.
Blomert, Reinhard (1999) *Intellektuelle im Aufbruch: Karl Mannheim, Alfred Weber, Norbert Elias und die Heidelberger Sozialwissenschaften der Zwischenkriegszeit*, München: Carl Hanser Verlag.
Bloom, Allan (1987) *The Closing of the American Mind: How Higher Education Has Failed Democracy and Impoverished the Souls of Today's Students*, New York: Simon & Schuster（=（1993[1988]）菅野盾樹訳『アメリカン・マインドの終焉——文化と教育の危機』第6刷、みすず書房）.
Brecht, Arnold (1970[1959]) *Political Theory: The Foundations of Twentieth-Century Political Thought*, Princeton N.J.: Princeton University Press.
Bryce, James (1921) *Modern Democracies*, London: Macmillan, Vol. 1（=（1954）松山武訳『近代民主政治』第１巻、岩波文庫）.
Carr, Edward Hallett (1990[1961]) *What is History?* London: Penguin（=（2022）近藤和彦訳『歴史とは何か』新版、岩波書店）.
Cremer, Hendrik (2019) „Das Neutralitätsgebot in der Bildung: Neutral gegenüber rassistischen und rechtsextremen Positionen von Parteien?"(https://www.institut-fuer-menschenrechte.de/fileadmin/user_upload/Publikationen/ANALYSE_Studie/Analyse_Das_Neutralitaetsgebot_in_der_Bildung.pdf)（2023年8月29日閲覧）
Dilthey, Wilhelm (2005[1906]) *Das Erlebnis und die Dichtung: Lessing - Goethe - Novalis – Hölderlin*, Göttingen: Vandenhoeck & Ruprecht（=（1961）柴田治三郎訳『体験と創作』上・下、岩波文庫）.
Dörk, Uwe, Sonja Schnitzler und Alexander Wierzock (2019) „Die

Gründung der Deutschen Gesellschaft für Soziologie vor 110 Jahre," in: *Soziologie*, 48. Jg., H. 3, S. 309-316.
Douglas, Heather (2011) "Facts, Values, and Objectivity," In: Ian Jarvie/ Jesús Zamora-Bonilla (eds.), *The SAGE Handbook of the Philosophy of Social Science*, London: SAGE, pp. 513-529.
Easton, David (1971[1953]) *The Political System: An Inquiry into the State of Political Science*, 2. ed., New York: Knopf（=（1976）山川雄巳訳『政治体系――政治学の状態への探求』第２版、ぺりかん社）.
―― (1965) *A Framework for Political Analysis*, Englewood Cliffs, N.J.: Prentice-Hall（=（1968）岡村忠夫訳『政治分析の基礎』みすず書房）.
Elias, Norbert (2002[1969]) *Die höfische Gesellschaft*, Frankfurt a.M.: Suhrkamp（=（1981）波田節夫・中埜芳之・吉田正勝訳『宮廷社会』法政大学出版局）.
―― (1990) *Norbert Elias über sich selbst*, Frankfurt a.M.: Suhrkamp（=（2017）大平章訳『エリアス回想録』法政大学出版局）.
Eucken, Walter (1932) „Staatliche Strukturwandlung und die Krise des Kapitalismus," in: *Weltwirtschaftliches Archiv*, Bd. 36, S. 297-321.
―― (2004[1952]) *Grundsätze der Wirtschaftspolitik*, 7. Aufl., Tübingen: Mohr Siebeck（=（1967）大野忠男訳『経済政策原理』勁草書房）.
Forst, Rainer (2007) *Das Recht auf Rechtfertigung: Elemente einer konstruktivistischen Theorie der Gerechtigkeit*, Frankfurt a.M.: Suhrkamp.
Foucault, Michel (2004) *Naissance de la biopolitique: Cours au Collège de France (1978-1979)*, Paris: Gallimard/Seuil（=（2008）慎改康之訳『生政治の誕生――コレージュ・ド・フランス講義1978-1979年度』筑摩書房）.
Freund, Julien (1968[1966]) *Sociologie de Max Weber*, 2. éd., Paris: Presses universitaires de France（= (1969) *The Sociology of Max Weber*, trans. by Mary Ilford, New York: Vintage Books;（1977）小口信吉訳『マックス・ウェーバーの社会学』文化書房博文社）.
Fulda, Bernhard, Christian Ring und Aya Soika (Hg.) (2019) *Emil Nolde: Eine deutsche Legende. Der Künstler im Nationalsozialismus: Essay- und Bildband*, München: Prestel Verlag.
Gamble, Andrew (1979) "The Free Economy and the Strong State," in: *The Socialist Register*, Vol. 16, pp. 1-25.
―― (1988) *The Free Economy and the Strong State: The Politics of Thatcherism*,

Basingstoke: Macmillan Education（=（1990）小笠原欣幸訳『自由経済と強い国家――サッチャリズムの政治学』みすず書房）.
Goertz, Gary/James Mahoney (2012) *A Tale of Two Cultures: Qualitative and Quantitative Research in the Social Sciences*, Princeton, N.J.: Princeton University Press（=（2015）西川賢・今井真士訳『社会科学のパラダイム論争――2つの文化の物語』勁草書房）.
Goldscheid, Rudolf (1908) *Entwicklungswerttheorie, Entwicklungsökonomie, Menschenökonomie: Eine Programmschrift*, Leipzig: Klinkhardt.
――/Joseph Schumpeter (1976) *Die Finanzkrise des Steuerstaats: Beiträge zur politischen Ökonomie der Staatsfinanzen*, hrsg. von Rudolf Hickel, Frankfurt a.M.: Suhrkamp.
Groot, J. J. M. de (1903) *Sectarianism and Religious Persecution in China: A Page in the History of Religions*, Amsterdam: J. Müller.
Habermas, Jürgen (1965) „Diskussion zum Thema: Wertfreiheit und Objektivität," in: Otto Stammer (Hg.), *Max Weber und die Soziologie heute: Verhandlungen des 15. Deutschen Soziologentages*, Tübingen: Mohr Siebeck S. 74-81（=（1976）出口勇蔵ほか訳『ウェーバーと現代社会学――第15回ドイツ社会学会大会議事録』上、木鐸社、118-130頁）.
―― (1981) „Die Moderne: Ein unvollendetes Projekt," in: *Kleine Politische Schriften (I-IV)*, Frankfurt a.M.: Suhrkamp, S. 444-464（=（2000）三島憲一訳「近代――未完のプロジェクト」『近代――未完のプロジェクト』岩波現代文庫、3-45頁）.
―― (1995) *Die Normalität einer Berliner Republik: Kleine politische Schriften VIII*, Frankfurt a.M.: Suhrkamp.
Hanson, Norwood Russell (2018[1969]) *Perception and Discovery*, Berlin: Springer（=（2000[1982]）野家啓一・渡辺博訳『知覚と発見――科学的探究の論理』上、紀伊國屋書店）.
Harding, Sandra (2006) *Science and Social Inequality: Feminist and Postcolonial Issues*, Urbana and Chicago: University of Illinois Press（=（2009）森永康子訳『科学と社会的不平等――フェミニズム、ポストコロニアリズムからの科学批判』北大路書房）.
Hayek, Friedrich A. (1982[1979]) *Law, Legislation, and Liberty: A New Statement of the Liberal Principles of Justice and Political Economy*, London: Routledge & Kegan Paul（=（2008）渡部茂訳『法と立法と自由 III 自

由人の政治的秩序』春秋社）.
—— (2001[1962]) „Wirtschaft, Wissenschaft und Politik," in: *Gesammelte Schriften in deutscher Sprache, Abt. A, Band 6: Wirtschaft, Wissenschaft und Politik. Aufsätze zur Wirtschaftspolitik*, Tübingen: Mohr Siebeck, 65-82（= (1967) "The Economy, Science, and Politics," in: *Studies in Philosophy, Politics and Economics*, London: Routledge & Kegan. Paul, pp. 251-269; (2009) 古賀勝次郎監訳「経済、科学、そして政治」『経済学論集』春秋社、45-69頁）.
—— (2008[1944]) *The Road to Serfdom: Text and Documents*, London: Routledge（= (2008) 西山千明訳『隷属への道』新装版、春秋社）.
Heidegger, Martin (1977[1943]) „Nietzsches Wort »Gott ist tot«," in: *Gesamtausgabe V. Holzwege*, Frankfurt a.M.: Vittorio Klostermann, S. 209-267（= (1954) 細谷貞雄訳「ニーチェの言葉・「神は死せり」」『ハイデッガー選集II ニーチェの言葉「神は死せり」ヘーゲルの「経験」概念』理想社、1-76頁）.
Heller, Hermann (1933) „Autoritärer Liberalismus?"in: *Die Neue Rundschau*, 44. Jg., H. 1, S. 289–298（= (1990) 今井弘道・大野達司訳「H・ヘラー『権威的自由主義？』」『北大法学論集』40巻4号、259-270頁）.
Hennis, Wilhelm (1987) *Max Webers Fragestellung: Studien zur Biographie des Werkes*, Tübingen: J.C.B. Mohr（= (1991) 雀部幸隆・嘉目克彦・豊田謙二・勝又正直訳『マックス・ヴェーバーの問題設定』恒星社厚生閣）.
Heuss, Theodor (1958) „Max Weber in seiner Gegenwart," in: Max Weber, *Gesammelte Politische Schriften*, 2., erweiterte Aufl., Tübingen: J.C.B. Mohr, S. VII-XXXI（= (1982) 中村貞二訳「マックス・ヴェーバーとその現在」『政治論集』1、みすず書房、7-35頁）.
Honigsheim, Paul (1968) *On Max Weber*, New York: Free Press（= (1972) 大林信治訳『マックス・ウェーバーの思い出』みすず書房）.
Huxley, Aldous (1998[1932]) *Brave New World*, New York: HarperCollins（= (2017) 大森望訳『すばらしい新世界』ハヤカワepi文庫）.
Jaspers, Karl (1947) *Die Schuldfrage*, Zürich: Artemis-Verlag（= (2015) 橋本文夫訳『われわれの戦争責任について』ちくま学芸文庫）.
—— (1977[1957]) *Philosophische Autobiographie*, München: Piper（= (1965) 重田英世訳『哲学的自伝』ヤスパース選集14、理想社）.
Kahler, Erich von (1920) *Der Beruf der Wissenschaft*, Berlin: Bondi.

King, Gary, Robert O. Keohane and Sidney Verba (1994) *Designing Social Inquiry: Scientific Inference in Qualitative Research*, Princeton, N.J.: Princeton University Press（＝（2004）真渕勝監訳『社会科学のリサーチ・デザイン――定性的研究における科学的推論』勁草書房）.

König, René (1981) „Die Situation der emigrierten deutschen Soziologen in Europa," in: Wolf Lepenies (Hg.), *Geschichte der Soziologie*, Bd. 4, Frankfurt a.M.: Suhrkamp, S. 115-158.

Kries, Johannes von (1886) *Die Principien der Wahrscheinlichkeitsrechnung: Eine logische Untersuchung*, Freiburg i.B.: Mohr.

Larmore, Charles (1987) *Patterns of Moral Complexity*, Cambridge: Cambridge University Press.

―― (1996) *The Morals of Modernity*, Cambridge: Cambridge University Press.

Lassman, Peter (2004) "Political Theory in an Age of Disenchantment: The Problem of Value Pluralism: Weber, Berlin, Rawls," in: *Max Weber Studies*, Vol. 4, No. 2, pp. 253-271.

Levitsky, Steven/Lucan A. Way (2010) *Competitive Authoritarianism: Hybrid Regimes after the Cold War*, New York: Cambridge University Press.

Lippmann, Walter (1937) *The Good Society*, London: George Allen & Unwin(= (1938) *La Cité libre*, traduit par Louis Rougier, Paris: Librairie de Médicis).

Loader, Colin (2012) *Alfred Weber and the Crisis of Culture 1890-1933*, New York: Palgrave Macmillan.

Locke, John (1988[1690]) *Two Treatises of Government*, Cambridge: Cambridge University Press（＝（1968）鵜飼信成訳『市民政府論』岩波文庫；（2010[2007]）加藤節訳『完訳 統治二論』岩波文庫).

Löwith, Karl (1964) „Max Weber und Carl Schmitt," in: *Frankfurter Allgemeine Zeitung* vom 27. Juni 1964（＝（1971）田中浩・五十嵐一郎訳「マックス・ヴェーバーとカール・シュミット」『政治神学』未來社、165-188頁）.

Lukács, Georg (2012[1923]) *Geschichte und Klassenbewußtsein*, Werke Band 2., Darmstadt: Luchterhand（＝（1968）城塚登・古田光訳『歴史と階級意識』ルカーチ著作集9、白水社）.

Mannheim, Karl (1929) „Die Bedeutung der Konkurrenz im Gebiete des

Geistigen," in: *Verhandlungen des 6. Deutschen Soziologentages vom 17. bis 19. September 1928 in Zürich: Vorträge und Diskussionen in der Hauptversammlung und in den Sitzungen der Untergruppen*, Tübingen: Mohr Siebeck, S. 35-83（=（1958）田野崎昭夫訳「精神的領域における競争の意義」『世代・競争』誠信書房、115-196頁）.

—— (1931) „Wissenssoziologie,"in: Alfred Vierkandt (Hg.), *Handwörterbuch der Soziologie*, Stuttgart: Enke, S. 659-680（=（1973）秋元律郎・田中清助訳「知識社会学」『現代社会学大系 第8巻 知識社会学』青木書店、151-204頁）.

—— (1945/46) „Die Rolle der Universitäten," in: *Neue Auslese*, Bd. 1, S. 49-53.

—— (2015[1929]) *Ideologie und Utopie*, Frankfurt a.M.: Klostermann（=（2006）高橋徹・徳永恂訳『イデオロギーとユートピア』中央クラシックス）.

Marcuse, Herbert (2002[1964]) *One-Dimensional Man: Studies in the Ideology of Advanced Industrial Society*, London/New York: Routledge（=（1974）生松敬三・三沢謙一訳『一次元的人間』河出書房新社）.

Maruyama, Masao (1963) *Thought and Behaviour in Modern Japanese Politics*, ed. and trans. by Ivan Morris, New York: Oxford University Press.

—— (2007) *Freiheit und Nation in Japan: Ausgewählte Aufsätze 1936-1949*, Band 1, hrsg. von Wolfgang Seifert, München: Iudicium.

Max Weber Stiftung (Hg.) (2014) *Max Weber in der Welt: Rezeption und Wirkung*, Tübingen: Mohr Siebeck.

McCoy, Charles A./John Playford (eds.) (1967) *Apolitical Politics: A Critique of Behavioralism*, New York: Thomas Y. Crowell.

Mehring, Reinhard (2017) *Carl Schmitt: Denker im Widerstreit: Werk – Wirkung – Aktualität*, Freiburg/München: Alber.

Merz-Benz, Peter-Ulrich (2020) „Die Erstehung des »Gesellschaftsganzen« als schöpferischer Akt: Ein Blick auf die Kultursoziologie Alfred Webers und weiter auf die aktuelle Theoriediskussion in der Soziologie," in: *Jahrbuch für Soziologiegeschichte 2020*, Wiesbaden: Springer VS, S. 23-50.

Meyer, Eduard (1884-1902) *Geschichte des Altertums*, 5 Bände, Stuttgart: J.G. Cotta.

Mills, C. Wright (1956) *The Power Elite*, New York: Oxford University Press

（＝（2020[1969]）鵜飼信成・綿貫譲治訳『パワー・エリート』ちくま学芸文庫）．
―― (1962) *The Marxists*, New York: Dell Pub. Co.（＝（1971）陸井四郎訳『マルクス主義者たち』青木書店）．
―― (1963) *Power, Politics and People: The Collected Essays of C. Wright Mills*, New York: Oxford University Press（＝（1971）青井和夫・本間康平監訳『権力・政治・民衆』みすず書房）．
Mommsen, Wolfgang J. (1974[1959]) *Max Weber und die deutsche Politik 1890-1920*, 2. Aufl., Tubingen: J.C.B. Mohr（＝（1993）安世舟・五十嵐一郎・田中浩訳『マックス・ヴェーバーとドイツ政治 一八九〇～一九二〇』I、未來社）．
Müller-Armack, Alfred (1932) *Entwicklungsgesetze des Kapitalismus*, Berlin: Junker & Dünnhaupt.
Nagel, Ernest (1961) *The Structure of Science: Problems in the Logic of Scientific Explanation*, New York: Harcourt, Brace & World（＝（1969）勝田守一校閲・松野安男訳『科学の構造』3、明治図書出版）．
Nau, Heino Heinrich (Hg.) (1996) *Der Werturteilsstreit: Die Äußerungen zur Werturteilsdiskussion im Ausschuß des Vereins für Sozialpolitik (1913)*, Marburg: Metropolis-Verlag.
Neef, Katharina (2012) *Die Entstehung der Soziologie aus der Sozialreform: Eine Fachgeschichte*, Frankfurt a.M.: Campus.
Neumann, Franz (1953) "The Social Sciences," in: id., et al., *The Cultural Migration: The European Scholar in America*, Philadelphia: University of Pennsylvania Press, pp. 4-26.
―― (2009[1942]) *Behemoth: The Structure and Practice of National Socialism, 1933-1944*, Chicago: Ivan R. Dee（＝（1963）岡本友孝・小野英祐・加藤栄一訳『ビヒモス――ナチズムの構造と実際1933-1944』みすず書房）．
――, Herbert Marcuse and Otto Kirchheimer (2013) *Secret Reports on Nazi Germany: The Frankfurt School Contribution to the War Effort*, ed. by Raffaele Laudani, Princeton, N.J.: Princeton University Press（＝（2019）野口雅弘訳『フランクフルト学派のナチ・ドイツ秘密レポート』みすず書房）．
Nietzsche, Friedrich (1999[1889]) *Der Fall Wagner u.a.*, KSA 6, München: Deutscher Taschenbuch Verlag; Berlin/New York: Walter de Gruyter

（＝（1994）原佑訳『偶像の黄昏 反キリスト者』ちくま学芸文庫）.

Noguchi, Masahiro (2005) *Kampf und Kultur: Max Webers Theorie der Politik aus der Sicht seiner Kultursoziologie*, Berlin: Duncker & Humblot（＝（2006）野口雅弘『闘争と文化――マックス・ウェーバーの文化社会学と政治理論』みすず書房）.

―― (2022) „Max Weber und das Narrativ der fehlenden geistigen Grundlage des »modernen« Japans: Eine Ideengeschichte des Ethos-Begriffs," in: Ulrich Bachmann/Thomas Schwinn (Hg.), *Max Weber revisited: Zur Aktualität eines Klassikers*, Weinheim: Beltz Juventa, S. 277-294.

―― (2023) "Translating *Gemeinschaft und Gesellschaft* into Japanese," in: Werner Gephart/Daniel Witte (eds.), *Communities and the (ir) Law*, Frankfurt a.M.: Vittorio Klostermann, pp. 51-64.

Parsons, Talcott (1937) *The Structure of Social Action*, New York: McGraw-Hill（＝（1974-1989）稲上毅・厚東洋輔・溝部明男訳『社会的行為の構造』1-5、木鐸社）.

―― (1960) "Review of R. Bendix, Max Weber: An Intellectual Portrait," in: *American Sociological Review*, Vol. 25, No. 5, pp. 750-752.

―― (1965) „Wertgebundenheit und Objektivität in den Sozialwissenschaften: eine Interpretation der Beiträge Max Webers," in: Otto Stammer (Hg.), *Max Weber und die Soziologie heute: Verhandlungen des 15. Deutschen Soziologentages*, Tübingen: Mohr Siebeck, S. 39-64（＝（1976）出口勇蔵ほか訳『ウェーバーと現代社会学――第15回ドイツ社会学会大会議事録』上、木鐸社、62-102頁）.

Pohle, Richard (2009) *Max Weber und die Krise der Wissenschaft: Eine Debatte in Weimar*, Göttingen: Vandenhoeck & Ruprecht.

Putnam, Hilary (2002) *The Collapse of the Fact/Value Dichotomy and Other Essays*, Cambridge, Mass.: Harvard University Press（＝（2006）藤田晋吾・中村正利訳『事実／価値二分法の崩壊』法政大学出版局）.

Radkau, Joachim (2005) *Max Weber: Die Leidenschaft des Denkens*, München: Carl Hanser Verlag.

Rawls, John (1993) *Political Liberalism*, New York: Columbia University Press（＝（2022）神島裕子・福間聡訳『政治的リベラリズム』筑摩書房）.

—— (1999a[1971]) *A Theory of Justice*, Rev. ed., Cambridge, Mass.: Belknap Press of Harvard University Press（=（2010）川本隆史・福間聡・神島裕子訳『正義論』改訂版、紀伊國屋書店）.

—— (1999b) *Collected Papers*, Cambridge, Mass.: Harvard University Press.

Reckwitz, Andreas (2017) *Die Gesellschaft der Singularitäten: Zum Strukturwandel der Moderne*, Berlin: Suhrkamp.

—— (2019) *Das Ende der Illusionen: Politik, Ökonomie und Kultur in der Spätmoderne*, Berlin: Suhrkamp（=（2023）橋本紘樹・林英哉訳『幻想の終わりに——後期近代の政治・経済・文化』人文書院）.

Reiner, Hans (1972) „Ethos," in: Joachim Ritter (Hg.), *Historisches Wörterbuch der Philosophie*, Bd. 2, Basel: Schwabe Verlag.

Rickert, Heinrich (1913) „Vom System der Werte," in: *Logos*, Bd. 4, S. 295-327（=（1989）九鬼一人訳「価値の体系について」、同『新カント学派の価値哲学——体系と生のはざま』弘文堂、150-195頁）.

Robbins, Lionel (1935[1932]) *An Essay on the Nature and Significance of Economic Science*, 2. ed., London: Macmillan（=（1957）辻六兵衛訳『経済学の本質と意義』東洋経済新報社）.

Schäuble, Wolfgang (2019) „Die Balance halten: Leidenschaft, Verantwortungsgefühl, Augenmaß – was uns Max Weber noch immer zu sagen hat," in: *Frankfurter Allgemeine Zeitung* vom 17.Januar 2019.

Scaff, Lawrence A. (1973) "Max Weber's Politics and Political Education," in: *American Political Science Review*, Vol. 67, No. 1, pp. 128-141.

—— (2011) *Max Weber in America*, Princeton, N.J.: Princeton University Press.

—— (2013) "Wilhelm Hennis, Max Weber, and the Charisma of Political Thinking," in: Andreas Anter (Hg.), *Wilhelm Hennis' politische Wissenschaft*, Tübingen: Mohr Siebeck, S. 307-325.

Schelting, Alexander von (1922) „Die logische Theorie der historischen Kulturwissenschaft von Max Weber und sein Begriff des Idealtypus," in: *Archiv für Sozialwissenschaft und Sozialpolitik*, Bd. 49, S. 623–767（=（1977）石坂巌訳『ウェーバー社会科学の方法論——理念型を中心に』れんが書房新社）.

Schetter, Fredrik (2020) „Politische Bildung. Editorial," in: *Aus Politik und Zeitgeschichte*, Nr. 14-15/2020.

Scheuerman, William E. (2020) *The End of Law: Carl Schmitt in the Twenty-First Century*, London/New York: Rowman & Littlefield.

Schluchter, Wolfgang (1996) *Unversöhnte Moderne*, Frankfurt a.M.: Suhrkamp.

Schmitt, Carl (1958[1932]) „Legalität und Legitimität," in: *Verfassungsrechtliche Aufsätze aus den Jahren 1924-1954*, Berlin: Duncker & Humblot, S. 263-350（=（1983）田中浩・原田武雄訳『合法性と正当性』未來社）.

── (1968[1919]) *Politische Romantik*, 3. Aufl., Berlin: Duncker & Humblot,（=（2012）大久保和郎訳『政治的ロマン主義』みすず書房）.

── (1995[1932]) „Starker Staat und gesunde Wirtschaft," in: *Staat, Großraum, Nomos: Arbeiten aus den Jahren 1916 - 1969*, Berlin: Duncker & Humblot, S. 71-91.

── (1996a[1932]) *Der Begriff des Politischen*, 6. Aufl., Berlin: Duncker & Humblot（=（2022）権左武志訳『政治的なものの概念』岩波文庫）.

── (1996b[1929]) „Der Zeitalter der Neutralisierungen und Entpolitisierungen," in: *Der Begriff des Politischen*, 6. Aufl., Berlin: Duncker & Humblot, S. 79-96（=（2007）長尾龍一訳「中立化と脱政治化の時代」『カール・シュミット著作集』I、慈学社出版、201-215頁）.

── (2002[1950]) *Ex Captivitate Salus: Erfahrungen der Zeit 1945/47*, 2. Aufl., Berlin: Duncker & Humblot（=（2007）長尾龍一訳「獄中記」『カール・シュミット著作集』II、慈学社出版、131-183頁）.

── (2010) *Tagebücher 1930 bis 1934*, Berlin: Akademie Verlag.

── (2011[1967]) *Die Tyrannei der Werte*, Berlin: Duncker & Humblot（=（2007）森田寛二訳「価値による専制」『カール・シュミット著作集』II、慈学社出版、185-227頁）.

── (2016[1931]) *Der Hüter der Verfassung*, 5. Aufl., Berlin: Duncker & Humblot（=（1989）川北洋太郎訳『憲法の番人』第一法規）.

Schmoll, Heike (2024) „Die AfD im Unterricht. Was Lehrer ansprechen dürfen und was nicht,"in: *Frankfurter Allgemeine Zeitung* vom 30. März 2024.

Schumpeter, Joseph (1918) *Die Krise des Steuerstaats*, Graz: Leuschner & Lubensky（=（1983）木村元一・小谷義次訳『租税国家の危機』岩波文庫）.

Schwentker, Wolfgang (1998) *Max Weber in Japan: Eine Untersuchung zur Wirkungsgeschichte 1905-1995*, Tübingen: J. C. B. Mohr (Paul Siebeck)（＝（2013）野口雅弘・鈴木直・細井保・木村裕之訳『マックス・ウェーバーの日本――受容史の研究1905-1995』みすず書房）.

Sennett, Richard (1977) *The Fall of Public Man*, New York: Alfred A. Knopf（＝（1991）北山克彦・高階悟訳『公共性の喪失』晶文社）.

Simmel, Georg (1992[1908]) *Georg Simmel Gesamtausgabe, Bd. 11. Soziologie: Untersuchungen über die Formen der Vergesellschaftung*, Frankfurt a.M.: Suhrkamp（＝（1994）居安正訳『社会学――社会化の諸形式についての研究』上・下、白水社）.

―― (2005) *Georg Simmel Gesamtausgabe, Bd. 22. Briefe 1880-1911*, Frankfurt a.M.: Suhrkamp.

Steding, Christoph (1932) *Politik und Wissenschaft bei Max Weber*, Breslau: Korn.

Strauss, Leo (1971[1953]) *Natural Right and History*, Chicago: University of Chicago Press（＝（2013）塚崎智・石崎嘉彦訳『自然権と歴史』ちくま学芸文庫）.

Streeck, Wolfgang (2013) *Gekaufte Zeit: Die vertagte Krise des demokratischen Kapitalismus*, Berlin: Suhrkamp（＝（2016）鈴木直訳『時間かせぎの資本主義――いつまで危機を先送りできるか』みすず書房）.

―― (2015) "Heller, Schmitt and the Euro," in: *European Law Jounal*, Vol. 21, No. 3, pp. 361-370（＝（2017）村澤真保呂・信友建志訳「ヘラー、シュミット、そしてユーロ」『資本主義はどう終わるのか』河出書房新社、210-228頁）.

Tönnies, Ferdinand (2019[1887]) *Gemeinschaft und Gesellschaft*, Ferdinand Tönnies Gesamtausgabe, Band 2, Berlin/Boston: De Gruyter（＝（1957）杉之原寿一訳『ゲマインシャフトとゲゼルシャフト――純粋社会学の基本概念』上・下、岩波文庫）.

Üner, Elfriede (2006) „Der explizite und implizite Diskurs zwischen Max Weber und der »Leipziger Schule«: Ein Arbeitsbericht," in: Karl-Ludwig Ay/Knut Borchardt (Hg.), *Das Faszinosum Max Weber: Die Geschichte seiner Geltung*, Konstanz: UVK Verlagsgesellschaft, S. 219–239.

Verein für Socialpolitik (Hg.) (1910) *Verhandlungen der Generalversammlung in*

Wien, 27., 28. und 29. September 1909, Leipzig: Duncker & Humblot.
Voegelin, Eric (1952) *The New Science of Politics: An Introduction*, Chicago: University of Chicago Press（＝（2003）山口晃訳『政治の新科学――地中海的伝統からの光』而立書房）.
―― (1999-2000[1956-1987]) *The Collected Works of Eric Voegelin*, Vol. 14-18, Columbia/London: University of Missouri Press（＝（2007）山口晃訳『秩序を求めて』而立書房）.
Weber, Alfred (2000) „Die Konkurrenz. Diskussionsbeitrag auf dem 6. Deutschen Soziologentag in Zürich zu Karl Mannheim: Die Bedeutung der Konkurrenz im Gebiete des Geistigen (1928)," in: *Alfred Weber Gesamtausgabe Band 8. Schriften zur Kultur- und Geschichtssoziologie (1906-1958)*, Marburg: Metropolis Verlag, S. 411-415.
Wikipedia (2023a)「エートス」（https://ja.wikipedia.org/wiki/エートス）（2024年５月10日閲覧）.
Wikipedia (2023b) „Ethos"（https://de.wikipedia.org/wiki/Ethos）（2024年５月10日閲覧）.
Wikipedia (2024) „Ethos"（https://en.wikipedia.org/wiki/Ethos）（2024年５月10日閲覧）.
Wittfogel, Karl A. (1957) *Oriental Despotism: A Comparative Study of Total Power*, New Haven: Yale University Press（＝（1995）湯浅赳男訳『オリエンタル・デスポティズム――専制官僚国家の生成と崩壊』新評論）.
Wölfflin, Heinrich (1899) *Die klassische Kunst: Eine Einführung in die italienische Renaissance*, München: F. Bruckmann（＝（1962）守屋謙二訳『古典美術――イタリア・ルネサンス序説』美術出版社）.
Wolin, Sheldon (1969) "Political Theory as a Vocation," in: *American Political Science Review*, Vol. 63, No. 4, pp. 1062-1082（＝（1988）千葉眞・中村孝文・斎藤眞訳「職業としての政治理論」『政治学批判』みすず書房、91-156頁）.
Zakaria, Fareed (1997) "The Rise of illiberal Democracy," in: *Foreign Affairs*, Vol. 76, No. 6, pp. 22-43.

【日本語文献】

アエラ（2016）「反戦は「偏向」か、密告サイトの重圧　教育現場に「不偏不党」求める自民党の狙い」2016年8月22日号、20-21頁。

朝井リョウ（2019）『死にがいを求めて生きているの』中央公論新社。

――（2021）『正欲』新潮社。

朝日新聞（2020）「学術会議独立、自民ＰＴが提言」2020年12月11日夕刊。

――（2022）「学校に半旗、国葬でも懸念　7月の安倍氏葬儀では…掲揚促した教委」2022年8月25日夕刊。

――（2023）「（遮断の時代：6）ちゃかす対話、恐れる「論破」」2023年5月5日朝刊。

アリストテレス（1971）『ニコマコス倫理学』上、高田三郎訳、岩波文庫。

安藤英治（1960）「エートスとしてのデモクラシー――戦後民主主義の一つの反省」『成蹊大学新聞』97・98合併号、1960年11月23日。

――（1968[1965]）『マックス・ウェーバー研究――エートス問題としての方法論研究』第3刷、未來社。

――・丸山眞男（1979）「ウェーバー研究の夜明け」『人類の知的遺産〈62〉マックス・ウェーバー』付録『月報』第11号、講談社。

――（1992）『ウェーバー歴史社会学の出立』未來社。

飯田泰三（2017）『大正知識人の思想風景――「自我」と「社会」の発見とそのゆくえ』法政大学出版局。

市野川容孝（2007）「社会学と生物学――黎明期のドイツ社会学に関する一考察」『現代思想』11月臨時増刊（総特集 マックス・ウェーバー）、157-173頁。

鵜飼信成（1954）「政治的中立の政治性」『世界』1954年8月号、114-120頁。

宇野重規（2010）『〈私〉時代のデモクラシー』岩波新書。

――（2020）『民主主義とは何か』講談社現代新書。

NHK政治マガジン（2020）「文科省の弔意表明通知「強制を伴うものでない」」2020年10月15日（https://www.nhk.or.jp/politics/articles/statement/46577.html）（2024年5月14日閲覧）。

大河内一男（1936）『獨逸社會政策思想史』日本評論社。

――（1943）『スミスとリスト――經濟倫理と經濟理論』日本評論社。

――（1968）『社会科学入門』青林書院新社。

大竹弘二（2022）「代表制民主主義の危機と戦闘的民主主義」、山崎望編『民主主義に未来はあるのか？』法政大学出版局、193-220頁。

大嶽秀夫（1994）『戦後政治と政治学』東京大学出版会。

岡﨑晴輝（2019）「政権選択論の勝利――「政治改革」の再解釈」『政治研究』第66号、33-54頁。

尾高邦雄（1933）「沒價値性批判――社會科學の現代的研究基準に關する覺書」『東京社会科学研究所年報』第1輯、刀江書院、1-387頁。

――（1975）「マックス・ウェーバー」、同編『世界の名著50 ウェーバー』中央公論社、5-93頁。

小野紀明（1988）『精神史としての政治思想史――近代的政治思想成立の認識論的基礎』行人社。

折原浩（1998）「解説」、富永祐治・立野保男訳、折原浩補訳『社会科学と社会政策にかかわる認識の「客観性」』岩波文庫、187-345頁。

粕谷祐子（2018）「政治学における『因果推論革命』の進行」『アジ研ワールド・トレンド』269号、70-71頁。

神奈川新聞（2019）「「政治的中立性損なう」 美術展で茅ケ崎市教委、共催辞退」『神奈川新聞』（カナロコ）2019年1月22日（https://www.kanaloco.jp/news/social/entry-148069.html）（2024年5月14日閲覧）。

苅部直（2006）『丸山眞男――リベラリストの肖像』岩波新書（＝(2008) *Maruyama Masao and the Fate of Liberalism in Twentieth-Century Japan*, trans. by, David Noble, Tokyo: International House of Japan）。

クローズアップ現代（2019）「「表現の不自由展・その後」中止の波紋」2019年9月5日（https://www.nhk.or.jp/gendai/articles/4324/）（2023年4月3日閲覧）。

河野有理（2019）「政治思想史はまだ存在しているか？」『思想』2019年7月号、43-62頁。

今野元（2021）「Wertfreiは「価値自由」か――ヴェーバー研究におけるドイツ語解釈を巡って」『愛知県立大学大学院国際文化研究科論集』22号、127-148頁。

坂敏宏（2014）「Max Weberの‘価値自由’の科学論的意義――テキストの再検討」『社会学評論』65巻2号、270-286頁。

佐々木毅（1999）『政治学講義』東京大学出版会。

佐藤俊樹（2019）『社会科学と因果分析――ウェーバーの方法論から知の現在へ』岩波書店。

産経新聞（2019）「芸術祭の公益性」『産経新聞』2019年11月2日朝刊。

清水幾太郎・尾高邦雄（1975）「（対談）ウェーバーに学ぶ」『世界の名著 ウェーバー』付録66、中央公論社。

神野直彦（2007［2002］）『財政学』改訂版、有斐閣。

政治思想学会（1994）「政治思想学会規約」（http://www.jcspt.jp/about/

index.html）（2024月5 月10日閲覧）。

盛山和夫（2018）「規範的社会理論はいかにして可能か――ロールズ『正義論』の挑戦と挫折」、井上彰編『ロールズを読む』ナカニシヤ出版、5-26頁。

高城和義（2003）『パーソンズとウェーバー』岩波書店。

高畠通敏（1984[1976]）『政治学への道案内』増補新版、三一書房。

――（2012[1959]）「生産力理論――大河内一男・風早八十二」、思想の科学研究会編『共同研究 転向3 戦中篇 上』東洋文庫。

田口富久治（1997）「D・イーストン」、田口富久治・中谷義和編『現代の政治理論家たち――21世紀への知的遺産』法律文化社、115-138頁。

出口勇蔵（1943）『経済学と歴史意識』弘文堂。

徳永恂（1996[1968]）『社会哲学の復権』講談社学術文庫。

戸田武雄（1937）「訳者序文」、ウェーバー『社會科學と價値判斷の諸問題』有斐閣。

内藤葉子（2019）『ヴェーバーの心情倫理――国家の暴力と抵抗の主体』風行社。

中金聡（2000）『政治の生理学――必要悪のアートと論理』勁草書房。

中野敏男（1998）「エートス」、廣松渉ほか編『岩波哲学・思想事典』岩波書店。

西永亮（2015）「シュトラウスのM・ウェーバー論における「神学－政治問題」――『自然的正と歴史』*Natural Right and History* 第II章の再検討」『シュトラウス政治哲学に向かって』小樽商科大学出版会、41-65頁。

日本経済新聞（2020）「SNSで揺らぐ平和意識　戦争容認、簡単に「いいね」」2020年10月24日夕刊。

野口雅弘（2011a）『官僚制批判の論理と心理――デモクラシーの友と敵』中公新書。

――（2011b）『比較のエートス――冷戦の終焉以後のマックス・ウェーバー』法政大学出版局。

――（2016）「1964年の丸山眞男とヴェーバー研究――「複数の近代」multiple modernitiesをめぐって」、中野敏男ほか編『マックス・ヴェーバー研究の現代――資本主義・民主主義・福祉国家の変容の中で 生誕150周年記念論集』創文社、353-365頁。

――（2018a）「比例代表制をめぐるウェーバーとケルゼン――「政治空白」という用語について」『成蹊法学』88号、39-68頁。

――（2018b）『忖度と官僚制の政治学』青土社。

――（2019a）「ウェーバーとシュトラウス」、石崎嘉彦・厚見恵一郎編『レオ・シュトラウスの政治哲学――『自然権と歴史』を読み解く』ミネルヴァ書房、43-61頁。

――（2019b）「1932年のカール・シュミット――政権与党の「政治的プレミアム」をめぐって」日本政治学会2019年度研究大会（【共通論題】リベラル・デモクラシーの衰退？）報告原稿。

――（2019c）「「包括政党」以前のオットー・キルヒハイマー――政治科学者の政党研究と政治思想研究者の政党研究」『思想』2019年7月号、63-81頁。

――（2020a）『マックス・ウェーバー――近代と格闘した思想家』中公新書。

――（2020b）「他者尊重「保守化」の背景にも」（特集「若者の7年8カ月」へのコメント）『朝日新聞』2020年9月17日朝刊。

――（2021a）「「鉄の檻」から「脆弱な殻」へ――官僚制の変容」『フォーラム現代社会学』20号、33-42頁。

――（2021b）「政治用語再考（3）政党間連立協議」『月刊 生活経済政策』298号、24-25頁。

――（2021c）「「政治的中立性」の陥穽――危機の時代の政治教育」『月刊 Journalism』368 号、34-39頁。

――（2021d）「「政治的に中立でいたい」時代の「政治的なもの」――マンハイム・シュミット・丸山」『月刊 生活経済政策』288号、27-31頁。

――（2022）「（経済教室）コミュニケーション不全の時代（上）「決められない」に向き合う」『日本経済新聞』2022年8月1日朝刊。

――（2023）「「価値自由」と政治――ドイツ社会学会（1909-1934年）におけるゴルトシャイト・ウェーバー・マンハイム」、ドイツ現代史研究会『ゲシヒテ』16号、59-67頁。

――（2024）「政治の“カネ持ち支配”こそ問題」『朝日新聞』2024年1月12日朝刊。

藤井正希（2023）『検証・群馬の森朝鮮人追悼碑裁判――歴史修正主義とは？』雄山閣。

藤田祐介・貝塚茂樹（2011）『教育における「政治的中立」の誕生』ミネルヴァ書房。

藤本夕衣（2020）「「学問」と「ニヒリズム」と、その奈落――ウェーバーの学問論をめぐる舞台」『現代思想』2020年12月号（特集 マックス・ウェ

ーバー――没後100年)、250-262頁。

藤原保信（1991）『二〇世紀の政治理論』岩波書店。

プラトン（1979）『国家』下、藤沢令夫訳、岩波文庫。

丸山眞男（1961）『日本の思想』岩波新書。

――（1965）「戦前における日本のヴェーバー研究」「討論」、大塚久雄編『マックス・ヴェーバー研究――生誕百年記念シンポジウム』東京大学出版会、151-172、372-376頁。

――（1978）「ウェーバーとカール・シュミット」（安藤英治との対談（安藤・丸山 1979）で削除したテーマ）丸山眞男文庫（資料番号354-2-1-1）。

――（1995）『丸山眞男集』第3巻、岩波書店。

――（1998）『自己内対話』みすず書房。

三笘利幸（2009）「「価値自由」論研究の系譜――戦後ヴェーバー研究の展開と現代」『社会文化研究所紀要』63巻、19-42頁。

――（2014）『「価値自由」論の系譜――日本におけるマックス・ヴェーバー受容の一断面』中川書店。

森達也（2018）『思想の政治学――アイザィア・バーリン研究』早稲田大学出版部。

森政稔（2020）『戦後「社会科学」の思想――丸山眞男から新保守主義まで』NHK出版。

矢内原忠雄（1954）「教育２法案に寄す　教育界を侮辱する　恐怖心から出た威嚇政策」『読売新聞』1954年2月17日朝刊。

矢野善郎（2003）『マックス・ヴェーバーの方法論的合理主義』創文社。

山本圭（2021）『現代民主主義――指導者論から熟議、ポピュリズムまで』中公新書。

――（2024）『嫉妬論――民主社会に渦巻く情念を解剖する』光文社新書。

米沢和彦（1991）『ドイツ社会学史研究――ドイツ社会学会の設立とヴァイマル期における歴史的展開』恒星社厚生閣。

読売新聞（1954）「教育の自由をまもれ」『読売新聞』1954年2月10日朝刊。

渡辺恒雄（1954）「教育二法案提出の経過とその内幕」『人事行政』第5巻第4号、48-53頁。

渡辺浩（2024）『日本思想史と現在』筑摩選書。

野口雅弘（のぐち・まさひろ）
1969年東京都生まれ。早稲田大学大学院政治学研究科博士課程単位取得退学。哲学博士（ボン大学）。早稲田大学政治経済学術院助教、岐阜大学教育学部准教授、立命館大学法学部教授などを経て、現在、成蹊大学法学部教授。専門は、政治学・政治思想史。著書に、『闘争と文化——マックス・ウェーバーの文化社会学と政治理論』（みすず書房）、『官僚制批判の論理と心理——デモクラシーの友と敵』（中公新書）、『忖度と官僚制の政治学』（青土社）、『マックス・ウェーバー——近代と格闘した思想家』（中公新書）。訳書に、シュヴェントカー『マックス・ウェーバーの日本——受容史の研究1905-1995』（共訳、みすず書房）、ウェーバー『仕事としての学問　仕事としての政治』（講談社学術文庫）、ノイマン／マルクーゼ／キルヒハイマー『フランクフルト学派のナチ・ドイツ秘密レポート』ラウダーニ編（みすず書房）、ウェーバー『支配について』I・II（岩波文庫）などがある。

朝日選書 1045

中立《ちゅうりつ》とは何《なに》か
マックス・ウェーバー「価値自由《かちじゆう》」から考《かんが》える現代日本《げんだいにほん》

2024年10月25日　第1刷発行

著者　野口雅弘

発行者　宇都宮健太朗

発行所　朝日新聞出版
〒104-8011　東京都中央区築地 5-3-2
電話　03-5541-8832（編集）
　　　03-5540-7793（販売）

印刷所　大日本印刷株式会社

© 2024 Noguchi Masahiro
Published in Japan by Asahi Shimbun Publications Inc.
ISBN978-4-02-263136-7
定価はカバーに表示してあります。

落丁・乱丁の場合は弊社業務部（電話 03-5540-7800）へご連絡ください。
送料弊社負担にてお取り替えいたします。

巨大企業の呪い

ビッグテックは世界をどう支配してきたか

ティム・ウー／秋山勝訳

巨大企業が独占する現状を打開するための５つの方針

国民義勇戦闘隊と学徒隊

隠蔽された「一億総特攻」

斉藤利彦

終戦直前の「国民皆兵」計画。新資料がその全貌に迫る

ようこそ地獄、奇妙な地獄

星瑞穂

説話や絵図とともに地獄を巡り、日本人の死生観を辿る

ごみ収集とまちづくり

清掃の現場から考える地方自治

藤井誠一郎

労働体験と参与観察を通し「ごみ」を巡る現代社会を映す

asahi sensho

日本列島四万年のディープヒストリー

先史考古学からみた現代

森先一貴

先史時代の人々の行動を復元し、現代社会の問題を照らす

諜報・謀略の中国現代史

国家安全省の指導者にみる権力闘争

柴田哲雄

毛沢東以降の情報機関トップの闘争を巡る中国の裏面史

権力にゆがむ専門知

専門家はどう統制されてきたのか

新藤宗幸

占領期からコロナ禍まで「専門知」の社会的責任を考える

柔術狂時代

20世紀初頭アメリカにおける柔術ブームとその周辺

藪耕太郎

20世紀初頭の柔術・柔道の世界的流行を豊富な図版で描く

縄文人は海を越えたか?
「文化圏と言葉」の境界を探訪する
水ノ江和同
丸木舟で外洋にも渡る縄文人。文化の範囲を峻別する

喜怒哀楽のお経を読む
釈徹宗
現代人の悩みに効くお経を、問いと答えで紹介

抑留を生きる力
シベリア捕虜の内面世界
富田武
苦難の体験を「生きる力」に変えた精神性をたどる

「ヤングケアラー」とは誰か
家族を〝気づかう〟子どもたちの孤立
村上靖彦
介護や家事労働だけではない「ケア」を担う子どもたち

asahi sensho

倭と加耶
朝鮮海峡の考古学
東潮
倭と加耶は戦ったか。教科書の歴史観を考古学から問う

徳川家康と今川氏真
黒田基樹
氏真の実像を家康との対比で掘り下げる本格的歴史評伝

徹底検証　沖縄密約
新文書から浮かぶ実像
藤田直央
逝去半年前の西山太吉氏へのインタビューも収録

メキシコ古代都市の謎 テオティワカンを掘る
杉山三郎
ピラミッドの構造、生贄埋葬、都市計画の実態を明かす

蝶と人と美しかったアフガニスタン
尾本惠市
人類学の第一人者が幻の蝶を追った、若き日の冒険譚

死生観を問う
万葉集から金子みすゞへ
島薗進
「あなた自身の死生観」の手助けとなる、最適の一冊

武家か天皇か
中世の選択
関幸彦
天皇〝与党〟に挑んだ〝体制内野党〟武家の戦略とは？

道長ものがたり
「我が世の望月」とは何だったのか――
山本淳子
出世に恵まれるも〝怨霊〟に苦しんだ、最高権力者の素顔

asahi sensho

「差別」のしくみ
木村草太
何が「差別」で何が「区別」？ 気鋭の憲法学者が徹底検証

紫式部の実像
稀代の文才を育てた王朝サロンを明かす
伊井春樹
出仕のきっかけや没年など、生涯の謎を解きほぐす

変質する平和主義
〈戦争の文化〉の思想と歴史を読み解く
山本昭宏
非戦への認識と変化を辿り、現代の平和主義を見定める

水と清潔
風呂・トイレ・水道の比較文化史
福田眞人
日・英・印、時代と場所で健康観は全く異なっていた